| 명문동양문고 |

논어 명언

金東求 편저 100

圖書出版 明文堂

《논어(論語)》

공자는 춘추시대의 사상가·학자(BC 551~BC 479)로서, 이름은 구(丘), 자는 중니(仲尼), 노(魯)나라 사람으로 여러 나라를 두루 돌아다니면서 인(仁)을 정치와 윤리의 이상으로 하는 도덕주의를 설파하여 덕치정치를 강조하였다. 만년에는 교육에 전념하여 3,000여 명의 제자를 길러내고, 《시경》과 《서경》 등의 중국 고전을 정리하였다. 제자들이 엮은 《논어》에 그의 언행과 사상이 잘 나타나 있다.

공자의 사상이라고 하면 먼저 인(仁)부터 떠올리지만, 공자에서 仁에 못지않게, 아니 그보다 더 중요한 것이 예(禮)이다. 《논어》 첫머리에 나오는 「배우고 때로 익히면 즐겁지 아니한가(學而時習之 不亦悅乎)」에서 말하는 배움은 바로 禮를 배운다는 것이다. 공자가 말하는 禮는 주나라의 전통적인 제도, 문화, 문물, 사상, 예법을 총체적으로 가리킨다.

공자의 사상을 한 마디로 말하면 『극기복례(克己復禮)』라 할 수 있다. 즉 「자기를 극복하고 예로 돌아간다」고 하는 말은 당시의 사회상, 즉 대부가 제후를, 제후가 제왕을 이기려 하고 그 지위를 넘보는 상황, 사실상 주(周)나라의 봉건질서가 무너져가는 현실이었다. 그러므로 복례(復禮), 즉 돌아가야 할 禮는 주나라의 전통적인 사회질서와 문화인 것이다.

곧 「임금은 임금다워야 하고 신하는 신하다워야 하고 아버지는 아버지답고, 자식은 자식다워야 한다(君君臣臣父父子子)」는 말이다.

《논어》는 유가(儒家)의 경전(經典)이라고도 할 수 있다. 사서(四書)의 하나로, 중국 최초의 어록이기도 하다. 공자와 그 제자와의 문답을 주로 하고, 공자의 발언과 행적, 그리고 제자들의 발언 등 인생의 교훈이 되는 말들이 간결하고도 함축성 있게 기재되었다. 『학이편(學而篇)』에서 『요왈편(堯曰篇)』에 이르는 20편으로 이루어졌으며, 각기 편 속의 머리말을 따서 그 편명을 붙였다.

《논어》의 문장은 간결하면서도 수사(修辭)의 묘를 얻어 함축성이 깊다. 또한 문장 간의 연계가 없는 듯하면서도, 깊이 생각해 보면, 공자의 인격으로 귀일(歸一)되어 있다.

유교의 경서는 많지만, 그 가운데서 《논어》는 《효경(孝經)》과 더불어 한나라 이후에 지식인의 필수 서책이 되고 있다. 우리나라에도 일찍부터 도래되어 한학(漢學)의 성행으로 널리 보급되고, 국민의 도덕사상 형성의 기본이 되었다.

| 논어 명언 100 |

차 례

논어 명언 100

論語　名言

제1편 학이(學而)

■ 學而時習之 不亦說乎
학 이 시 습 지 불 역 열 호

배우고 때로 익히면 또한 기쁘지 아니한가?

*說 ; 열(기쁠 열)로 읽는다.

■ 有朋自遠方來 不亦樂乎
유 붕 자 원 방 래 불 역 락 호

벗이 먼 곳에서 찾아오니 또한 즐겁지 않은가?

■ 人不知而不慍 不亦君子乎
인 부 지 이 불 온 불 역 군 자 호

사람들이 알아주지 않아도 원망하지 않으니 또한 군자가
아니겠는가.

*慍 ; 원망하거나 노여워하다.

{자기를 이해해 주지 않는다거나, 실력을 인정해 주지 않
는 일은 인생살이에 있어 흔히 있는 일이다. 이럴 때 노여워
하거나 고까워 말고 마음 편하게 스스로를 믿는 마음을 가
지는 사람—이런 사람이야말로 군자가 아니겠는가.}

공자의 말이다. "배우고 때로 익히면 또한 기쁘지 아니하

나(學而時習之 不亦說乎). 벗이 있어 먼 곳으로부터 오면 또한 즐겁지 아니하냐(有朋自遠方來 不亦樂乎). 사람이 알지 못해도 노엽게 생각지 않으면 또한 군자가 아니냐(人不知而 不慍 不亦君子乎)."

이 말은 《논어》맨 처음에 나와 있는 말인 만큼 거의가 다 알고 있는 말이며, 또 널리 쓰이고 있는 말이기도 하다. 배우고 때로 익히는 가운데 기쁨을 느끼는 것이 학문하는 사람만이 가지는 기쁨이다. 또 이 같은 기쁨이 없이는 참다운 학문을 할 수 없게 된다. 그리고 공자가 배우고 익힌다는 것은 오늘날 우리가 말하는 지식이 연구 같은 그런 학문을 반드시 말하는 것은 아니다. 지식 이외의 옳은 행동 같은 것을 스스로 깨닫는 것도 학문이요, 스승으로부터 얻어 듣는 것도 학문이다.

학은 배워서 아는 것과 깨우치는 것을 말하고, 익히는 것은 그것을 실천에 옮기고 실생활에 적응시키는 것이다. 이렇게 그의 지식과 수양과 덕행이 점점 향상되고 확고해짐으로써 그와 뜻을 같이하는 사람이 그를 찾아오게 되고, 그의 인격과 지식과 덕행을 사모하는 사람이 그의 문에서 배우러 오게 된다.

이렇게 뜻을 같이하는 친구와 후배들이 찾아오는 데 보

람을 느끼고 즐거움을 얻는 것은 뜻있는 사람이면 누구나 갖는 공통된 심리일 것이다. 그러나 때로는 세상 사람이 몰라주는 경우도 없지 않다. 평생을 고독 속에 보내는 고고한 선비도 세상에는 얼마든지 있다. 또 오해를 받아 박해를 받을 수도 있다.

공자 자신도 여러 번 그런 변을 당한 일이 있다 그럴 때는 세상을 원망하거나 사람을 미워하지 않는 것이 수양을 쌓은 완전한 인격자, 즉 군자일 수 있는 것이다.

이 학이편(學而篇) 학이장이야말로 공자의 인생관을 집약시킨 것이라 말할 수 있다. 이리하여 『학이시습(學而時習)』이란 말과 『인부지이불온(人不知而不慍)』이란 말과 함께 이 『유붕자원방래(有朋自遠方來)』란 말이 때로는 쉬운 말로 때로는 어려운 뜻으로 널리 두루 쓰이게 된 것이다.

■ 君子務本 本立而道生

군자는 근본을 세우는 데 힘써야 하고 그 근본이 서면 나갈 길이 생긴다.

*務 ; 힘쓰다.

{무슨 일이든 근본을 파악하는 것이 제일 중요하다. 유학

(儒學)을 근본에 힘쓰는 학문이라 한 것은 곧 효도와 우애가 바로 근본이라고 해서 생긴 말이다. 공자의 제자 유자(有子)의 말.}

■ 巧言令色 鮮矣仁
   교 언 영 색   선 의 인

   교묘한 말과 아첨하는 얼굴을 하는 사람은 진실된 사람이 적다.

   *巧 ; 공교하다. 令色 ; 남에게 잘 보이기 위하여 아첨하는 표정이나 태도. 鮮 ; 곱다, 뚜렷하다.

   【名言】교언영색(巧言令色) ; 《논어》학이편과 양화편(陽貨篇)에 똑같은 공자의 말이 거듭 나온다. "공교로운 말과 좋은 얼굴을 하는 사람은 착한 사람이 적다(巧言令色 鮮矣仁)." 쉽게 말해서, 말을 그럴 듯하게 잘 꾸며대거나 남의 비위를 잘 맞추는 사람 쳐놓고 마음씨가 착하고 진실 된 사람이 적다는 말이다.

   여기에 말한 인은 우리가 흔히 말하는 어질다는 뜻으로 알면 될 것 같다. 어질다는 말은 거짓이 없고 참되며, 남을 해칠 생각이 없는 고운 마음씨 정도로 풀이한다.

   공자는 인간의 심성에 대해 여러 가지 방식으로 설명하

고 있다. 궁극적으로 가장 완성된 인격을 갖춘 사람을 공자
는 군자(君子)라 명명하고 있는데, 군자는 "수식과 바탕이
잘 조화를 이루어야 비로소 군자라고 할 수 있다."는 말처
럼 지나치지도 않고 부족하지도 않은 중용(中庸)의 자리에
서 있는 사람을 지적하는 것이다.

교언영색하는 사람은 수식(文)이 많아서 지나친 사람을
가리킨다고 할 수 있다. 말을 잘한다는 것과 교묘하게 한다
는 것과는 상당한 차이가 있다. 교묘하다는 것은 꾸며서 그
럴 듯하게 만든다는 뜻이 있으므로, 자연 그의 말과 속마음
이 일치될 리 없다. 말과 마음이 일치하지 않는다는 것은 곧
진실 되지 않음을 말한다. 좋은 얼굴과 좋게 보이는 얼굴과
는 비슷하면서도 거리가 멀다. 좋게 보이는 얼굴은 곧 좋게
보이려는 생각에서 오는 얼굴로, 겉에 나타난 표정이 자연
그대로일 수는 없다.

인격과 수양과 마음씨에서 오는 얼굴이 아닌, 억지로 꾸
민 얼굴이 좋은 얼굴일 수는 없다. 결국 『교언(巧言)』과
『영색(令色)』은 꾸민 말과 꾸민 얼굴을 말한 것이 된다.
꾸미기를 좋아하는 사람의 마음이 참되고 어질 수는 없다.
적다고 한 말은 차마 박절하게 없다고 할 수가 없어서 한 말
일 것이다. 《논어》 자로편에는 이를 반대편에서 한 말이 있

다. 역시 공자의 말이다. "강과 의와 목과 눌은 인에 가깝다
(剛毅木訥近仁)."

■ 吾日三省吾身　爲人謀而不忠乎
　　　　　　　오 일 삼 성 오 신　　위 인 모 이 불 충 호

與朋友交而不信乎? 傳不習乎
여 붕 우 교 이 불 신 호　　전 불 습 호

　나는 날마다 세 번씩 내 자신을 반성해 본다. 남을 위해
일을 꾸미면서 충성스럽지 못한 점이 없는가? 벗들과 사귀
면서 신용을 지키지 않은 점이 없는가? 배운 바를 제대로 익
히지 않은 것은 아닌가? 확실하게 알지도 못하면서 다른 사
람에게 전하거나 가르치지나 않았는지 반성한다.

　*謀 ; 꾀하다. 省 ; 살피다, 깨닫다. 習 ; 익히다.

　{다른 사람을 위해 생각해 주고 의논도 받아 준다. 그럴
때 나는 진정으로 성심성의껏 해주고 있는가. 충(忠)이란 입
(口)과 마음(心)을 하나로 관통한 글자다. 즉 성실함과 진실
을 뜻한다. 증자가 행한 일일삼성(一日三省) 중 한 가지.}

　【名言】삼성오신(三省吾身) ; "날마다 세 번 내 몸을 살
핀다"라는 뜻으로, 하루에 세 번씩 자신의 몸가짐을 살피고
반성한다는 의미로, 참된 선비의 몸가짐, 마음가짐을 이르는
표현이다. 춘추시대에 공자의 제자 증자(曾子)는 항상 자신

이 한 일에 대하여 잘못한 점이 있는지를 반성하였다.

증자가 말했다. "나는 매일 내 몸을 세 번 살핀다(吾日三省吾身). 다른 사람을 위해 일을 도모하는 데 충실하지 않았는지(爲人謀而不忠乎), 벗과 함께 사귀는 데 신의를 잃지 않았는지(與朋友交而不信乎), 스승에게 배운 것을 익히지 못하지는 않았는지(傳不習乎)."

증자의 말에서 나온 『삼성오신』은, 날마다 자기 스스로 행한 일 가운데서 남의 일을 정성을 다하여 도와주었는지, 친구에게 믿음이 가지 않은 행동을 하지는 않았는지, 스승의 가르침을 잘 따랐는지 등 의 세 가지를 반성한다는 말이다.

『일일삼성(一日三省)』과 같은 뜻이다.

■ 日省其身 有則改之 無則加勉
일 성 기 신　유 즉 개 지　무 즉 가 면

날마다 자기를 반성하여 잘못이 있으면 고치고 없으면 더욱 노력한다.　*勉 ; 힘쓰다.

■ 敬事而信
경 사 이 신

일을 공경히 처리하여 믿음을 준다.

{어떤 일이든 소중하게 전심전력을 다하면 남이 믿어주

게 된다. 신용을 얻는 근본은 모두가 자기의 일상적인 행동
에 매인 것이다.}

■ 節用而愛人
절 용 이 애 인

나라의 재물을 아껴 쓰고 백성을 사랑하라.

*節 ; 마디, 절제하다.

【故事】절용애인(節用愛人) ; 공자는 "천승의 나라를 다
스리려면 일을 공경하고 믿음으로 하며, 쓰기를 절제하고
사람을 사랑하며, 백성을 부리기를 때를 맞추어야 한다(子
曰 道千乘之國 敬事而信 節用而愛人 使民以時)."고 하였다.

『천승지국(千乘之國)』은 제후를 뜻한다. 전쟁이 일어
났을 때, 네 필의 말이 끄는 전차 한 대에 30명의 보병을 실
어 천 대를 낼 수 있는 나라라는 뜻이다. 이런 천승의 나라
를 다스리기 위해서는 다섯 가지를 시행해야 한다고 공자는
말한다.

즉 『절용애인』은 백성을 다스리기 위한 지도자의 다섯
가지 덕목 가운데 하나다. "자기가 하는 일에 분수를 넘지
말 것이며, 이것으로 백성들에게 믿음을 줄 것, 물자를 아껴
쓰며 백성을 사랑할 것, 부역은 농사철을 피할 것 등이다.

즉, 지도자가 백성들에게 모범을 보여야 한다." 는 말이다.

우리 속담의 "윗물이 맑아야 아랫물이 맑다" 는 것과 통하는 말이다. 윗사람은 아랫사람에게 가장 큰 영향을 준다. 그리고 아랫사람이 있음으로써 윗사람이 있는 것이니, 이 둘은 하나이면서도 둘이다. 절용이란 낭비를 말자는 뜻이지, 무작정 아끼라는 것은 아니다. 백성을 위해 써야 할 곳은 써야 한다는 말이다. 오늘날의 사회지도층 인사로 자처하는 사람들이 한 번은 새겨야 할 이야기이다.

■ 使民以時
사 민 이 시

백성을 부리기를 때를 맞추어야 한다.

*使 ; 하여금, 시키다.

{나라의 노역(勞役)에 백성을 쓰는 데에는 농한기(農閑期)를 택해서 한다는 말. 나라를 다스리는 데에 근본적인 태도를 말하는데, 임금이 백성의 형편을 잘 헤아리는 것을 이르는 말.}

■ 行有餘力 則以學文
행 유 여 력 즉 이 학 문

남는 힘이 있다면 학문에 힘써야 한다.

*餘 ; 남다, 여유가 있다.

{학문의 목적은 실행에 있다. 학문을 하는 자는 종종 공리 공론을 주장하고 실무를 등한시하기 쉽게 된다. 실무를 떠난 학문은 참된 학문이 아니다. 인간이 해야 될 일을 성실하게 다 하고, 그리고 여력이 있으면 그 여력을 가지고 학문을 해야 할 것이다.}

■ 事父母 能竭其力
  사 부 모 능 갈 기 력

부모를 섬길 때는 있는 힘을 다하여라.

*竭 ; 다하다, 물이 마르다.

{성심성의로써 부모를 섬기고 효도하는 노력을 다해야 한다. 자하가 한 말. 자하는 공자의 가르침을 통해서 효도하는 것이 모든 도리에 통하는 인간이 살아가는 방법 이라고 말했다.}

■ 君子不重則不威 學則不固
  군 자 불 중 즉 불 위 학 즉 불 고

군자가 삼가지 않으면 위엄이 서지 않으니 배워도 견고 하지 않다.

*威 ; 위엄, 두려워하다. 固 ; 견고하다.

{학문에 의하여 지식과 식견을 넓혀 항상 너그럽고 유연한 정신 상태를 지니도록 해야 된다.}

■ 無友不如己者
무 우 불 여 기 자

자기만 못한 사람을 친구로 사귀지 않는다.

*如 ; 같다, 같게 하다.

{사람은 자기만 못한 사람으로 자기에게 영합하는 자를 친구로 사귀기 쉽다. 그러나 이런 친구는 자기의 향상에는 도움이 되지 않는다. 자기보다 학문이나 경험이 우수한 자를 친구로 사귀어야 할 것이다.}

■ 過則勿憚改
과 즉 물 탄 개

과오를 범했을 때는 즉시 고치기를 꺼려하지 말라.

*過 ; 지나다, 허물. 憚 ; 꺼리다.

{공자가 살던 시대는 난세(亂世)로서, 모든 도덕률(道德律)에 일정한 기준이 없었다. 공자는 이와 같은 통일되지 못한 가치관이 유행하고 있는 데 위기감을 느끼고, 설사 일시적으로는 자신이 믿는 가치관에서 벗어난 삶을 살더라도, 잘못을 깨닫고 그것을 고치기만 하면 무방하다는 것을 제자들에게 강조할 필

요가 있었던 것으로 생각된다.}

【名言】 과즉물탄개(過則勿憚改) ; 잘못을 고친다는 개과(改過)도 여기서 나온 것이다. 잘못을 저질렀다고 후회만 하지 말고 그것을 빨리 바로잡아야만 다시는 같은 잘못을 저지르지 않는다는 뜻이다. 남의 이목을 두려워해서 이것을 얼버무린다든가 감추려고 한다면 다시 과오를 저지르는 잘못을 범한다는 말이다.

공자는 군자의 수양에 대해 이렇게 말한 적이 있다. "군자는 진중하지 않으면 위엄이 없고, 학문을 익혀도 견고하지 못하며, 오직 충성과 믿음으로 중심을 삼되 자기만 못한 사람은 사귀지 않으며, 허물이 있으면 이를 고치기를 주저하지 않는다(君子不重則不威 學則不固 主忠信 無友不如己者 過則勿憚改)."

과실에 대한 이러한 자기반성은 유교에서 『천선(遷善 : 선으로 옮겨감)』, 『진덕(進德 : 덕으로 나아감)』의 자기수양으로 중시되어 왔다. 자기의 잘못을 잘 아는 것도 어려운 일이지만, 그것을 곧 깨닫고 고쳐 나가는(改過) 과단과 솔직은 한층 더 어려운 일이다. 그러므로 공자는 허물 고치기를 꺼려하지 말라고 곳곳에서 강조하고 있는 것이다. 특히 왕수인(王守仁) 같은 유학자는, "현자(賢者)라 하더라도 잘못이

없을 수 없지만, 그가 현자가 될 수 있는 까닭은 바로 능히
잘못을 고치는 데 있다.”라고까지 개과를 강조하고 있다.

■ 愼終追遠 民德歸厚矣
신 종 추 원　민 덕 귀 후 의

상례를 정성껏 하고, 제사를 정성껏 지내면 백성의 덕이
두터워질 것이다.

*愼 ; 삼가다, 신중히 하다. 厚 ; 두텁다.

【名言】신종추원(愼終追遠) ; 부모의 장례를 엄숙히 하고
조상의 제사를 정성스레 올린다는 뜻이다. 《논어》에서 가
장 중요한 구절 중의 하나로 유가사상을 대변하는 구절이다.

증자가 말했다. 상례를 정성껏 하고, 제사를 정성껏 지내
면 백성의 덕이 두터워질 것이다(愼終追遠 民德歸厚矣).”

『신종(愼終)』이란 마지막 가는 분에게 삼가 조의를 표하
는 예를 말하는 것이고, 『추원(追遠)』이란 이미 떠나신 분을
추억하여 표하는 예를 말한다. 즉, 초상과 제사에 정성을 다하
는 것을 의미한다.

증자는 계모 밑에서 구박을 받으며 자랐지만 효성이 지극
하였다. 아내가 부모의 밥상에 나물을 덜 익힌 채로 올리자,
아내를 내쫓고 평생 혼자 살았다. 아들이 재혼을 권유하자,

그는 말했다.

"고종(高宗)은 후처 때문에 효기(孝己)를 죽였고, 윤길보도 후처 때문에 백기를 내쳤다. 나는 위로는 고종에게 못 미치고 길보에게도 비교할 수 없는데, 그들이 겪은 이런 일들이 내게도 닥치지 않는다고 장담할 수 있겠느냐?"

이런 그이니 평소에 효와 제사를 강조했다. 그러므로 유교에서 효의 연장선상인 장례와 제례를 강조하는 말이다.

■ 溫良恭儉讓 以得之

온(溫)·양(良)·공(恭)·검(儉)·양(讓) 이 다섯 가지의 덕으로 인해 추앙을 받는다.

*溫 ; 따뜻하다, 온화하다. 恭 ; 공손하다, 삼가다. 儉 ; 검소하다. 讓 ; 사양하다, 양보하다.

{원만한 인격자의 덕성(德性)을 가리키는 말. 온(溫)은 화후(和厚)이고, 양(良)은 고상하고 순수함이며, 공(恭)은 마음속의 공경심이 밖으로 나타나서 정중한 것이고, 검(儉)은 마음에 절제가 있어 방종하지 않는 덕을 가리키는 것이고, 양(讓)은 겸양한 것으로, 자공(子貢)이 공자의 인격과 언어 동작에 대해 쓴 말이다.}

■ ^{삼 년 무 개 어} ^{부 지 도} ^{가 위 효 의}
三年無改於 父之道 可謂孝矣

아버지가 돌아가신 후 3년 동안 아버지 살아 계실 때 한 일을 그대로 두고 변경하지 않는 것은 효도라 할 수 있다.

{부친이 죽자 곧 부친이 하던 주의나 일상생활을 변경해 버리는 것은 인정의 경박함을 말하는 것이다. 만일 3년간 부친이 하던 그대로 지킨다면 그것이야말로 효도라 할 수 있을 것이다.}

■ ^{예 지 용} ^{화 위 귀}
禮之用 和爲貴

예를 시행함에서는 조화를 이루는 것이 귀중하다.

*禮 ; 예도, 예절. 和 ; 서로 응하다.

{사람과 사람 사이에 화목한 것보다 더 귀한 것은 없다. 예(禮)의 있어 화(和)의 필요성을 설한 유자(有子)가 한 말. 유자(有子)는 예라는 것은 잘못하면 사람과 사람 사이를 이간시키게 된다. 그 폐단을 없애기 위해 화합할 필요가 있다고 역설했다.}

■ ^{신 근 어 의} ^{언 가 복 야}
信近於義 言可復也

약속이 의로움에 가까워야 그 말이 실천될 수 있다.

　{도리에 어긋나는 약속은 해서 안 된다. 그것은 이행할 수 없기 때문이다.『신(信)』은 약속,『의(義)』는 도리,『복(復)』은 이와 같음. 즉 이행하는 것. 유자(有子)의 말.}

■ 恭近於禮 遠恥辱
공　근　어　례　　　원　치　욕

　공손한 것도 좋으나 도가 지나치면 치욕을 면할 수 없다.

　*恥 ; 부끄러워하다. 辱 ; 욕되게 하다.

　{과공(過恭)은 비례(非禮)다. 중요한 것은 절도 있는 몸가짐이다. 유자(有子)가 한 말.}

■ 君子食無求飽 居無求安 敏於事而愼於言
군　자　식　무　구　포　　거　무　구　안　　민　어　사　이　신　어　언

就有道而正焉 可謂好學也已
취　유　도　이　정　언　　가　위　호　학　야　이

　먹는 것에 있어 배부름을 구하지 않고, 삶에 있어서 안락함을 구하지 않는다. 일에는 민첩하고 성실하며 언행은 조심스럽고, 도(道)로써 사람들에게 나아가 자신을 바르게 한다. 이런 사람을 가히 학문을 좋아한다고 할 수 있다.

　*飽 ; 배부르다. 敏 ; 재빠르다. 就 ; 이루다, 나아가다. 愼 ; 신중하다.

■ <ruby>貧而樂<rt>빈 이 락</rt></ruby>

가난해도 즐거워한다.

{비록 가난하다고 해서 걱정할 것도 비관할 것도 없다. 목적을 가지고 살고, 믿음을 가지고 살고, 취미를 가지고 살고, 수양에 힘쓰고 하면 저절로 적극적인 인생의 즐거움이 있는 것이다.}

■ <ruby>富而好禮<rt>부 이 호 례</rt></ruby>

부자이면서도 예절을 좋아한다.

{가난한 자는 비굴하기 쉽고, 부자는 교만하기 쉽다. 가난해도 그 삶을 즐기고, 부자라도 사람의 도리를 존중해야 할 것이다.}

■ <ruby>如切如磋<rt>여 절 여 차</rt></ruby> <ruby>如琢如磨<rt>여 탁 여 마</rt></ruby>

칼로 자르듯 줄로 슨 듯, 끌로 쪼은 듯 숫돌로 간 듯하다.

【名言】 절차탁마(切磋琢磨) ; 톱으로 자르고(切), 줄로 슬고(磋), 끌로 쪼며(琢), 숫돌에 간다(磨)는 뜻이다. 뼈나 상아나 옥돌로 물건을 만들 때, 순서를 밟아 다듬고 또 다듬어 완

전무결한 물건으로 만들어 내는 것을 말한다. 학문을 닦고 수양을 쌓는 데도 이와 같은 과정을 거쳐야만 비로소 성공을 할 수 있다는 점에서 비유로 이『절차탁마』란 말을 쓰게 된다. 굳이 학문이나 수양에 국한된 것이 아니고 모든 기술이나 사업 면에도 이 말이 인용될 수 있다.

자공이 공자에게 물었다. "가난해도 아첨하는 일이 없고, 부해도 교만하는 일이 없으면 어떻습니까?"

공자가 말했다. "옳은 일이긴 하나, 가난해도 도를 즐기고, 부해도 예를 좋아하는 것만 같지 못하다."

"《시(詩經)》에 이르기를『여절여차, 여탁여마』라고 했는데 바로 이런 것을 두고 한 말이군요."

그러자 공자는 자못 흐뭇한 표정으로, "너야말로 참으로 함께 시를 말할 수 있다. 이미 들은 것으로 장차 있을 것까지를 아니 말이다." 하고 칭찬을 했다.

이것은 두 말이 다 수양의 뜻으로 쓰인 예가 되겠다. 즉 아첨이 없는 것에서 도를 즐기기에 이르고, 교만하지 않은 것에서 예를 좋아하기에 이르는 것은 처음은 대충 형체만을 만들고, 그 다음 슬고 또 갈아 아름답게 만드는 것과 같다는 뜻이다.

이 『여절여차 여탁여마(如切如磋 如琢如磨)』의 여덟 글

자에서 여(如)란 글자를 빼고 동사만을 합친 것이 『절차탁
마』다. 꾸준히 노력을 하되 순서 있게 하는 것이 절차탁마인
것이다.

■ 不患人之不己知 患不知人也
　　불 환 인 지 부 기 지　환 부 지 인 야

남이 나를 알아주는 걸 근심하지 말고, 나의 덕행과 재능
이 부족함을 근심하여 끊임없이 수양에 힘써야 한다.

*患 ; 근심, 걱정.

{사람이란 다른 사람에게서 인정받지 못할 경우에는 실
망하고 늘 끙끙거린다. 그러나 이런 것은 아주 사소한 일에
불과하다. 그보다는 다른 사람의 진실된 가치를 인정할 줄
모르는 자기 자신에게 마음 써야 할 것이다. 환(患)은 마음
을 쓴다는 뜻.}

學而篇 第一

子曰：“學而時習之, 不亦悅乎? 有朋自遠方來, 不亦樂乎? 人不知而不慍, 不亦君子乎?”

有子曰：“其爲人也孝悌而好犯上者, 鮮矣. 不好犯上而好作亂者, 未之有也. 君子務本, 本立而道生. 孝悌也者, 其爲仁之本與?”

子曰：“巧言令色, 鮮矣仁.”

曾子曰：吾日三省乎吾身. 爲人謀而不忠乎? 與朋友交而不信乎? 傳不習乎?

子曰：道千乘之國, 敬事而信, 節用而愛人, 使民以時.

子曰：弟子入則孝, 出則悌, 謹而信, 泛愛眾而親仁, 行有餘力, 則以學文.

子夏：賢賢易色, 事父母, 能竭其力. 事君, 能致其身. 與朋友交, 言而有信. 雖曰未學, 吾必謂之學矣.

子曰：君子不重則不威, 學則不固. 主忠信, 無友不如己者, 過則勿憚改.

曾子曰：慎終追遠, 民德歸厚矣.

子禽問於子貢曰：“夫子至於是邦也, 必聞其政. 求之與? 抑與之與?” 子貢曰：“夫子溫良恭儉讓以得之. 夫子求之也,其諸異乎人之求之與?"

子曰：父在, 觀其志. 父沒, 觀其行. 三年無改於父之道, 可謂孝矣.

有子曰：禮之用, 和爲貴. 先王之道斯爲美. 小大由之, 有所不行. 知和而和, 不以禮節之, 亦不可行也.

有子曰：信近於義, 言可複也. 恭近於禮, 遠恥辱也. 因不失其親, 亦可宗也.

子曰：君子食無求飽, 居無求安. 敏於事而慎於言, 就有道而正焉. 可謂好學也已.

子貢曰："貧而無諂, 富而無驕. 何如?"子曰："可也. 未若貧而樂, 富而好禮者也. "子貢曰："詩雲：如切如磋, 如琢如磨. 其斯之謂與?"

子曰："賜也, 始可與言詩已矣. 告諸往而知來者"

子曰：不患人之不已知, 患不知人也.

제2편 위정(爲政)

■ 爲政以德 譬如北辰居其所 而衆星共之
위 정 이 덕　비 여 북 진 거 기 소　이 중 성 공 지

덕으로써 하는 정치는, 비유하자면 북극성이 제 자리를 지키고, 뭇 별들이 보좌하는 것과 같다.

*譬 ; 비유하다. 北辰 ; 북극성. 衆 ; 무리.

{정치라는 것은 법이나 규율만으로 다스리는 것이 아니다. 모름지기 덕으로써 다스려야 한다. 비유한다면 움직이지 않는 북극성(北極星)에 여러 별들이 따라오듯, 백성은 그 덕을 연모하여 위정자를 따라오게 될 것이다. 위정자가 덕으로써 다스리면 신하와 백성들이 절로 곁에 모여든다는 말이다. 공자의 위정사상을 대표하는 말로서, 도덕으로 교화하는 것이 나라를 다스리는 근본이라는 주장이다. 이는 형법이 아닌 덕으로써 교화해야 한다는 유가(儒家)의 정치사상인 도덕정치(德治)를 의미하며, 훌륭한 정치란 도덕과 예교(禮敎)를 통해 백성을 감화시키는 것임을 강조한 말이다.}

■ 思無邪
사 무 사

생각에 간사함이 없다.

*思 ; 생각, 뜻. 邪 ; 간사하다.

{간사한 생각이 없다면 그 사람은 분명 어진 사람일 것이다. 공자가 이르기를, "시 삼백 편을 한 마디로 요약하면 생각함에 삿됨이 없다(詩三百 一言以蔽之曰 思無邪)."

《시경》은 모두 305편의 시를 수록하고 있기 때문에 《시경》을 흔히 『시삼백(詩三百)』이라고 부른다.}

민 면 이 무 치
■ 民免而無恥

백성들이 법망을 빠져나가기만 하면 어떤 악을 범해도 부끄러워하지 않는다.

{법률제일주의 하에서는 도덕은 땅에 떨어지고 만다. 백성은 법에 저촉되지만 않으면 어떤 짓을 해도 좋다고 생각하게 된다. 결국은 법망을 빠져나가기만 하면 어떤 악한 짓을 범해도 부끄러움을 모르는 사람이 생기게 되는 것이다.}

십 유 오 이   지 우 학
■ 十有五而 志于學

열다섯 살에 학문에 뜻을 두었다.

{공자는 열다섯 살 때 성인의 학문을 배울 뜻을 세웠다. 15세를 지학(志學)이라고 하는 연유.}

三十而立
삼 십 이 립

서른 살이 되어 자립(自立)한다.

*立 ; 서다, 세우다.

{학문이나 견식(見識)이 일가를 이루어 도덕상으로 흔들리지 않음을 이르는 말. 나(孔子)는 서른 살에 정신적이나 경제적으로도 예(禮)에 근거해서 독립할 수가 있었다. 30세를 이립(而立)의 나이라고도 한다.}

四十而不惑
사 십 이 불 혹

마흔 살에는 미혹하지 않게 되었다.

*惑 ; 정신이 헷갈리게 하다, 의심하다.

【名言】불혹지년(不惑之年) ; 마흔 살을 이르는 말.

공자가 말하기를, "나는 15세에 학문에 뜻을 두고(志學), 30에 확고히 서고(而立), 40에 의심하지 않고(不惑), 50에 천명을 알고(知天命), 60에 귀가 순하고(耳順), 70에 마음에 하고 싶은 바를 좇아 행해도(從心所欲) 법에 벗어나지 않았다."라고 했다.

이것은 공자가 자기 일생을 회고하며 정신적인 성장과정을 말한 것인데, 여기에 나와 있는 말이 그대로 나이를 가리키는 말로 쓰인다.

15세에 학문에 뜻을 둔다 해서 열다섯 살을 지학지년(志學
之年)이라 하고, 30에 확고히 섰다 해서 서른 살을 입년(立
年)이라 하며, 마흔 살을 불혹지년(不惑之年), 쉰 살을 명년
(命年), 예순 살을 이순지년(耳順之年)이라 하는데, 일흔 살
만은 불유지년(不踰之年)이라 말하지 않는다. 지년(之年)이
란 말이 붙은 것은 이를 떼어내고, 지학 · 불혹 · 이순만을 쓰
기도 한다.

또 31세에서 39까지를 입일(立一), 입구(立九)하는 식으로
쓰기도 하고, 51세에서 59까지를 명일(命一), 명구(命九) 하는
식으로 쓰기도 한다. 이와 마찬가지로 스무 살을 약관(弱冠)
이라고 한다. 『약(弱)』은 아직 어리다는 뜻이고, 『관(冠)』
은, 20세면 옛날에는 성인식이라고 할 수 있는 관례(冠禮)라
는 의식을 통해 어른이 쓰는 갓을 썼기 때문에 약관이란 말
로 20세를 나타내게 된다. 또 여자는 옛날 15세만 되면 쪽을
올리고 비녀를 꽂았다. 그래서 계년(笄年)이라면 여자의 나
이 15세를 가리킨다.

오 십 이 지 천 명
■ 五十而知天命

쉰 살에는 하늘의 명을 깨달아 이해하게 되었다.

*知天命 ; 하늘의 명을 알았다는 뜻으로, 나이 50세를 비유적으로 이르는 말.

{사람이 조우하는 길흉화복—그것은 피할 수 없다는 것을 나(孔子)는 쉰 살에 깨달았다. 따라서 나는 이 세상을 구제할 사명을 하늘에서 받은 것을 깨닫게 되었다. 지명(知命)은 50세. 사실 공자는 50세를 고비로 수양의 시기에서 실질적인 사회활동을 하게 된다.}

六十而耳順
육 십 이 이 순

예순에는 남의 말을 듣기만 하면 곧 그 이치를 깨달아 이해하게 되었다.

{여기서 이순(耳順)은 학자에 따라 "소리가 귀로 들어와 마음과 통하기 때문에 거슬리는 바가 없고, 아는 것이 지극한 경지에 이르렀기 때문에 생각하지 않아도 저절로 얻어지는 것" 또는 "말을 들으면 그 미묘한 점까지 모두 알게 된다"거나 "남의 말을 듣기만 하면 곧 그 이치를 깨달아 이해한다" 등 여러 가지로 해석된다. 약간씩 다르기는 하지만, 귀에 들리는 모든 소리를 이해한다는 점만은 공통적이다. 이렇듯 귀가 순해져 사사로운 감정에 얽매이지 않고 모든

말을 객관적으로 듣고 이해할 수 있는 나이가 바로 60세, 즉 이순이다. 예순 살, 육순(六旬)과 같은 뜻이다.}

■ 七十而從心所欲不踰矩
칠 십 이 종 심 소 욕 불 유 구

일흔 살이 되니 마음 내키는 대로 살아도 법도를 넘어서지 않았다.

*從心所欲 不踰矩 ; 마음속에 하고 싶은 대로 해도 법도를 넘어서지 않는다는 뜻으로, 나이 70세를 이름.

■ 父母唯其疾之憂
부 모 유 기 질 지 우

부모에게 걱정을 끼치지 않는 것, 그것이 효도이다.

*其疾 ; 부모의 질환. 憂 ; 근심하다.

{세상에서 부친이나 모친이 가장 걱정하는 것은 내 자식의 질병이다. 자기의 부주의로 병에 걸리는 일이 있어서는 안 되겠다. 기질(其疾)을 부모의 질환으로 해석하고 부모의 병환에는 특히 조심해야 하는 것이 효도라는 설도 있다.}

■ 終日不違如愚
종 일 불 위 여 우

종일토록 이야기를 하여도 어기지 않음이 못난이 같다.

*違 ; 어기다, 떠나가다. 愚 ; 어리석다.

【名言】불위여우(不違如愚) ; "어긋남이 없어 어리석은 듯하다."는 말이다.

"군자는, 언어에는 둔하여도 실천하는 데는 민첩해야 한다(君子欲 訥於言而敏行)."라고 가르치고 있으며, 이 말은 논어의 여러 곳에서 언급하고 있다. 공자는 자신의 수제자로 칭찬하던 안회(顔回)를, "내가 안회와 종일토록 이야기를 하여도 어기지 않음이 어리석은 이 같다(吾與回言終日 不違如愚)."고 하여 겉보기는 그러하지만, 마음속으로는 내가 한 말을 충분히 터득하고 있을 터이다 하고 평가한 말의 한 구절이다.

배우는 사람은 스승과 논쟁하거나 자신의 주장을 내세워 스승의 가르침과 대립해서는 안 된다는 것이 과거 성현(聖賢)들의 가르침이었다. 여기서는 말만 번지르르하고 행동이 이에 따르지 못하는 그런 사람들에 대한 경고로 보아야 할 것이다.

■ 視其所以 觀其所由 察其所安 人焉廋哉

그 하는 것을 보고, 그 동기를 보며, 그 편안히 여기는 것을 살피면, 사람이 자신을 어떻게 숨길 것인가?

*觀 ; 보다. 由 ; 말미암다. 察 ; 살피다. 廋 ; 숨기다.

{먼저 그 사람의 행동을 보고, 그 다음 그 사람의 행동의 동기를 관찰하고, 다시 그 사람이 그 행위에 안정하고 있는지를 살핀다. 이 세 가지를 보면 반드시 그 사람의 정체를 밝힐 수가 있다.}

■ 溫故而知新 可以位師矣

지난 것을 익히며 새 것을 알게 되면 스승이 될 수 있다.

*溫 ; 따뜻하다, 온화하다, 익히다. 師 ; 스승.

【名言】온고지신(溫故知新) ; 옛 것을 익히고 새 것을 안다는 말이다.

공자는, "옛 것을 익혀 새 것을 알면 남의 스승이 될 수 있다(溫故而知新 可以爲師矣)."라고 했다. 『온고지신』은 다시 부연해서 말한다면, 옛 것을 앎으로써 그것을 통해 새로운 것을 발견하게 된다는 뜻이다.

주자(朱子) 주에는 심역(尋繹)하는 것이라고 했다. 찾아 연구한다는 말이다. 결국 『온고이지신』은 옛 것과 새 것이 불가분의 관계에 있음을 말해 주고 있다. 옛 것에 대한 올바른 지식이 없이는 오늘의 새로운 사태를 정확히 파악할 수 없고, 새로운 사태를 정확히 인식하지 못한다면 장차 올 사태에 대한 올바른 판단이 설 수 없다.

과거와 현재와 그리고 미래에 대한 인과(因果) 법칙적인 원리를 터득하지 못한 사람은 후진들을 올바르게 이끌어 줄 자격이 없음을 말한 것이다.

역사를 배우고 옛 것을 배움에 있어, 옛 것이나 새 것 어느 한쪽에만 치우치지 않아야 한다는 뜻이다. 즉 전통적인 것이나 새로운 것을 고루 알아야 스승 노릇을 할 수 있다는 것이다.

■ 君子不器

군자는 그릇이 아니다.

*器 ; 그릇, 그릇으로 여기다.

{군자는 일정한 용도로 쓰이는 그릇과 같은 것이 아니라는 뜻으로, 군자는 한 가지 재능에만 얽매이지 않고 두루 살피고 원만(圓滿)하다는 말. 한쪽으로 편협하지 않고 전인적(全人的)인 완성을 목표로 부단히 공부하고 수양에 힘써야 한다.}

■ 君子 周而不比 小人 比而不周
<small>군 자　주 이 불 비　소 인　비 이 불 주</small>

　군자는 두루 통하되 패를 지어 견주지 않으며, 소인은 패거리를 지어 서로 견주되 두루 통하려 하지 않는다.

　*周 ; 두루, 골고루, 두루 미치다.

　{사람을 사귈 때에는 널리 두루 공평한 마음씨로 사귀어야 한다. 편협한 사귐으로 붕당(朋黨)을 만드는 것은 바람직하지 못한 행동이다. 비(比)는 친(親)과 같은 뜻으로, 여기서는 붕당을 이룬다는 뜻이다.}

■ 學而不思則罔 思而不學則殆
<small>학 이 불 사 즉 망　사 이 불 학 즉 태</small>

　배우고 생각하지 않으면 공허해지고, 생각하기만 하고 배우지 않으면 위태롭다.

　*罔 ; 공허하다, 미혹되다. 殆 ; 위태하다.

　{사람은 여러 가지를 배운다. 하지만 그것을 깊이 생각하고 자기 자신에게 해당시키고, 또 시세(時勢)에 해당시켜서 생각해 보지 않으면 배운 것이 희미하고 불안정하여 확실한 것을 파악할 수가 없다. 참으로 몸에 밴 학문이 될 수 없는 것이다. 망(罔)은 망(網)과 같은 뜻으로 공허한 상태.}

■ 攻乎異端 斯害也已

공 호 이 단　사 해 야 이

이단(異端)을 파고드는 것은 얻는 것보다는 해가 많다.

*攻 ; 치다. 이단(異端) : 유가의 입장에서 볼 때 자기와 다른 학설. 斯 ; 어조사 이.

{학문이나 기술 등에서 새롭고 신기한 것을 좇는 것보다는 정도(正道)를 밟아 건실하게 공부하는 것이 성공에 이르는 참 길이다.}

■ 知之爲知之　不知爲不知　是知也

지 지 위 지 지　부 지 위 부 지　시 지 야

아는 것을 안다고 하고 모르는 것을 모른다고 하는 것, 이것이 아는 것이다.

【故事】아는 것과 모르는 것을 분명히 구별하여, 알지도 못하면서 아는 체해서는 안된다고 경계한 말. "참으로 안다"는 것은 모르는 것을 인정하는 것이다. 공자가 약간 독단적인 경향의 성격을 가진 제자 자로에게 타이른 말이다. 이 말에는 또 이런 재미있는 일화가 있다.

조선시대 문인 유몽인(柳夢寅)이, 조선인은 어떤 경서를 읽느냐고 묻는 중국 사람에게 농담 삼아, "우리나라에서는 새들도 경서 하나쯤은 읽을 줄 압니다.『지지위지지 부지위

부지 시지야』라고 하지 않습니까?"

새가 《논어》를 읽었을 리 없건만 이 구절을 빨리 읽다 보면 새 지저귀는 소리와 비슷하게 들리기 때문에 이런 얘기가 나온 것 같다.

■ ^{다 문 궐 의} ^{신 언 기 여} ^{즉 과 우}
多聞闕疑 愼言其餘 則寡尤
^{다 견 궐 태} ^{신 행 기 여} ^{즉 과 회}
多見闕殆 愼行其餘 則寡悔

많이 들어서 의심을 없애고, 그리고도 남음이 있어 말을 삼간다면 허물이 적을 것이다. 많이 보아서 미심쩍음을 적게 하고, 그리고도 남음이 있어 행동을 삼간다면 뉘우침이 적을 것이다.

*闕疑 ; 의심스러움을 없애다. 闕殆 ; 미심쩍음을 없애다. 則寡尤 ; 허물이 적다.

■ ^{거 직 착 제 왕} ^{즉 민 복}
擧直錯諸枉 則民服

곧은 것을 들어서 굽은 것에 두면 백성이 따른다.

*擧 ; 들다, 오르다. 諸 ; 모든, 갈무리. 錯 ; 섞이다. 枉 ; 굽다. 服 ; 옷, 마시다, 따르다.

{바른 사람을 위에 앉히면 아랫사람은 스스로 바르게 되어 심복하게 될 것이다.}

擧善而敎 不能則勸

선정(善政)을 하려면 먼저 좋은 인재를 등용하라. 다음에는 무능한 사람들도 가르쳐서 성적을 올리도록 이끌게 하는 것이 좋다. 그렇게 되면 백성은 신뢰하고 기꺼이 스스로 자기들의 직무에 힘쓰게 되는 것이다.

*擧 ; 들다, 오르다. 勸 ; 권하다.

{계강자(季康子)가 물었다. "백성들이 진지하고 엄숙하게 하여 온 힘과 마음을 다해 스스로 노력하도록 하려면 어찌해야 합니까?"

공자가 대답했다. "나라의 법령을 엄숙하고 진지한 태도로 전달한다면 백성도 엄숙하고 진지해질 것입니다. 윗사람을 존중하고 약한 사람을 아끼며 사랑과 자비로 백성을 대한다면 그들은 온 힘과 마음을 다하게 될 것입니다. 또한 좋은 사람을 뽑아 부족한 사람을 다스리도록 하면 더욱 노력하게 될 것입니다."}

■ 人而無信 不知其可也
인 이 무 신　부 지 기 가 야

사람으로서 신의가 없으면 그 사람이 사람 구실을 할 수 있을지 알 수가 없다.

{인간관계, 인간의 사회는 신의로써 성립되는 것이다. 신의 없이는 인간관계도 사회도 성립하지 못한다. 사람으로서 신의가 없는 자는 바람직하다고 할 수가 없다.}

■ 見義不爲 無勇也
견 의 불 위　무 용 야

의로운 것을 보고도 행하지 않는 것은 용기가 없는 것이다.

*勇 ; 날쌔다, 과감하다.

{의로운 것을 보고도 자기의 이익을 위해, 혹은 보신(保身)을 위해 행하지 않는 것은 용기가 없는 것이다.}

爲政篇 第二

子曰 : 爲政以德, 譬如北辰, 居其所, 而衆星共之.

子曰 : 詩三百篇, 一言以蔽之, 曰 : "思無邪."

子曰 : 導之以政, 齊之以德, 民免而無恥. 導之以德, 齊之以禮, 有恥且格.

子曰 : 吾十有五而志於學, 三十而立, 四十而不惑, 五十而知天命, 六十而耳順, 七十而從心所欲不踰矩.

孟懿子問孝. 子曰 : "無違." 樊遲御, 子告之曰 : "孟孫問孝於我, 我對曰無違."

樊遲曰 : "何謂也?" 子曰 : "生, 事之以禮, 死, 葬之以禮, 祭之以禮."

孟武伯問孝. 子曰 : "父母, 唯其疾之憂."

子游問孝. 子曰 : "今之孝者, 是謂能養, 至於犬馬, 皆能有養, 不敬, 何以別乎?"

子夏問孝. 子曰 : "色難. 有事, 弟子服其勞, 有酒食, 先生饌, 曾是以爲孝乎?"

子曰 : 吾與回言終日, 不違如愚, 退而省其私, 亦足以發. 回也不愚.

子曰 : 視其所以, 觀其所由, 察其所安, 人焉廋哉! 人焉廋哉!

子曰：溫故而知新, 可以爲師矣.

子曰：君子不器.

子貢問君子. 子曰：先行其言而後從之.

子曰：君子周而不比, 小人比而不周.

子曰：學而不思則罔, 思而不學則殆.

子曰：攻乎異端, 斯害也已.

子曰：由, 誨汝知之乎! 知之爲知之, 不知爲不知, 是知也.

子張學干祿.

子曰："多聞闕疑, 愼言其餘, 則寡尤. 多見闕殆, 愼行其餘, 則寡悔. 言寡尤, 行寡悔, 祿在其中矣.

哀公問曰："何爲則民服?"

孔子對曰："擧直錯諸枉, 則民服；擧枉錯諸直, 則民不服."

季康子問："使民敬忠以勸, 如之何?" 子曰："臨之以莊則敬, 孝慈則忠, 擧善而教不能則勸."

或謂孔子曰："子奚不爲政?"

子曰："書雲：孝乎! 惟孝友於兄弟, 施於有政. 是亦爲政. 奚其爲爲政!"

子曰：人而無信, 不知其可也. 大車無輗, 小車無軏, 其何以行之哉!

　子張問：“十世可知也?”子曰：“殷因與夏禮，　所損益，可知也. 周因於殷禮, 所損益, 可知也. 其或繼周者, 雖百世, 可知也.”

　子曰：非其鬼而祭之, 諂也. 見義不爲, 無勇也.

제3편 팔일(八佾)

■ 是可忍也 孰不可忍也
시 가 인 야   숙 불 가 인 야

이것을 참는다면 무엇을 못 참으랴!

*是 ; 옳다, 바르다. 忍 ; 참다, 잔인하다. 孰 ; 누구, 무엇.

【故事】 계씨(季氏)는 계손씨(季孫氏)의 후예로 노(魯)나라 소공(昭公) 때의 대부였던 계평자(季平子)를 가리키는 것으로 보인다. 계손씨는 맹손씨(孟孫氏, 일명 仲孫氏·叔孫氏)와 더불어 춘추시대 후기 노나라의 정치를 전횡한 세도가인 이른바 三家의 하나로 삼가 가운데서도 세도가 가장 컸던 집안이다.

맹손씨·숙손씨·계손씨는 각각 노나라 환공(桓公, BC 711~694 재위)의 아들인 중경보(仲慶父, 일명 孟氏·叔牙·季友)의 집안이기 때문에 삼환(三桓)이라고도 한다. 이들 삼가는 분에 넘치는 외람된 짓을 많이 했다.

당시의 예법에 의하면 악무를 공연할 때 천자의 무대(舞隊)는 여덟 줄, 제후는 여섯 줄, 대부는 네 줄, 사(士)는 두 줄로 늘어서게 되어 있었는데 노나라는 주나라 왕실에 공이 큰 주공(周公)을 봉한 나라이기 때문에 제후국이지만 예외

적으로 팔일무가 허용되었다. 그러나 계손씨는 대부의 신분이므로 그럴 수 없는데도 불구하고 감히 팔일무를 공연했던 것이다. 공자의 말대로 그는 나중에 과연 소공을 축출하고 말았다.

팔일(八佾)은 팔일무를 가리킨다. 팔일(八佾)은 가로 8줄 세로 8줄, 즉 8×8=64. 64명이 추는 춤으로, 천자가 공연할 수 있는 악무인 팔일무를 가리킨다. 제후는 6줄, 즉 36명, 대부는 16명, 선비(士)는 4명이다.

■ 禮與其奢也 寧儉 喪與其易也 寧戚
예 여 기 사 야   영 검   상 여 기 이 야   영 척

예는 사치스러움보다는 검소함에 있으며, 상례(喪禮)는 형식적인 것보다 진심으로 슬퍼하는 것이다.

*與其A 寧B ; A나 B 모두 만족하지는 못하지만, 그나마 A와 B 가운데 선택해야 한다면 B를 선택하는 게 낫다는 말이다. 奢 ; 사치하다. 寧 ; 편안하다, 차라리. 喪 ; 잃다, 상을 입다.

{분수에 지나친다. 이런 것은 모두 예의가 아닌 것이다. 관혼상제(冠婚喪祭)는 사치보다는 오히려 검소함이 예에 맞는 일이다. 물질만이 아니고 정신의 검약도 중요한 일이

다. 의식이나 선물 등은 모두 형식이고 말절(末節)이다. 그 것을 행하는 마음이 근본이 되는 것으로, 본말을 전도해서 는 안 된다.}

■ 繪事後素
회 사 후 소

그림 그리는 일은 흰 바탕이 있은 후이다.

*繪 ; 그리다. 素 ; 희다, 바탕.

{그림은 먼저 바탕을 손질한 후에 채색한다는 뜻으로, 그 림을 그리는 일은 바탕이 있은 뒤에야 가능하다. 본래 소(素) 란 바탕을 말하는 것이고, 그 바탕이란 아무것도 칠하지 않 은 순수한 것을 말한다. 세상의 모든 일이란 바탕이 있고 나 서야 가능한 것이다. 따라서 사람은 좋은 바탕을 먼저 기른 뒤에 문식(文飾)을 더해야 한다는 말이다.}

【名言】 회사후소(繪事後素) ; 자하(子夏)는 공자의 제자로 공문십철(孔門十哲)의 한 사람이며, 시(詩)와 예(禮)에 통달 했는데, 특히 예의 객관적 형식을 존중하는 것이 특색이다.

자하가 공자에게 물었다. "선생님, 『교묘한 웃음에 보 조개여, 아름다운 눈에 또렷한 눈동자여, 소박한 마음으로 화려한 무늬를 만들었구나(巧笑倩兮 美目盼兮 素以爲絢兮 何謂也).』 하셨는데, 무엇을 말하는 것입니까?"

공자가 대답했다. "그림 그리는 일은 흰 바탕이 있은 후이다(繪事後素)."

이에 자하가 다시 물었다. "예(禮)는 나중입니까(禮後乎)?"

그러자 공자가 대답했다. "나를 일으키는 자가 바로 상(商, 자하)이로구나. 비로소 함께 시(詩)를 말할 수 있게 되었구나(起予者 商也 始可與言詩已矣)."

여기서 공자의 말은, "동양화에서 하얀 바탕이 없으면 그림을 그리는 일이 불가능한 것과 마찬가지로, 소박한 마음의 바탕이 없이 눈과 코와 입의 아름다움만으로는 여인의 아름다움을 표현할 수 없다."는 것이다.

이에 자하는 밖으로 드러난 형식적인 예(禮)보다는 그 예의 본질인 인(仁)한 마음이 중요하므로, 형식으로서의 『예』는 본질이 있은 후에라야 의미가 있는 것임을 깨달았던 것이다.

공자는 자하에게 유교에서 말하는 인(仁) · 의(義) · 예(禮) · 지(智) · 신(信)의 5가지 기본 덕목인 오상(五常) 중 가장 으뜸이 되는 기본 덕목은 仁이라는 것을 말하고 있는 것이다.

■ 祭^제如^여在^재 祭^제神^신如^여 神^신在^재

제사를 지낼 때는 조상이 앞에 계시는 듯하며, 산천의 신을 모실 때에는 신이 앞에 있는 듯이 한다.

　*祭 ; 제사.

여기미어오　영미어조
■ 與其媚於奧　寧媚於竈

아랫목 귀신에게 잘 보이기보다는 차라리 부엌귀신에게
잘 보이는 것이 낫다.

　*媚 ; 아첨하다. 奧 ; 속, 아랫목. 寧 ; 오히려. 竈 ; 부엌.

　{집안에 모셔둔 주신(主神)에게 비는 것보다는 차라리 그
집의 부엌 신에게 비는 것이 얻는 게 많다는 말. 왕손가(王孫
賈)가 공자에게 질문한 말로서, 군주에게 가까이 가기보다는
권신(權臣 ; 왕손가 자신을 빗대어 말한 것)에게 아첨을 떠는
것이 빠르고 득이 많다는 것이다. 공자는 이 말에 대해 그것
은 결국은 천벌을 받을 쓸데없는 짓이라고 훈계하고 있다. 즉
하늘의 죄를 받으면 빌 곳조차 없게 된다고 말했다(獲罪於天
無所禱也). 왕손가는 춘추시대 위(衛)나라 영공(靈公) 때 대부
를 지냈다.}

입태묘매사문
■ 入太廟每事問

알고 있는 일이라도 중요한 일을 할 때에는 매사를 아는

이에게 물어가며 해야 한다. *廟 ; 사당.

{공자도 나라의 태묘(太廟)에 제사를 지낼 때에는 사소한 일이라도 윗사람에게 가르침을 받았다고 한다.}

告朔之餼羊
고 삭 지 희 양

고삭(告朔)의 희양(餼羊).

*告朔 ; 주(周)나라 때 제후들이 매월 초하루마다 선조의 사당에 고하고 역(曆)을 얻던 일. 매년 섣달에 천자가 이듬해에 사용할 12개월의 역을 제후에게 반포하면, 제후는 이를 받아 각기 선조의 사당에 두고 매달 초하루에 양을 삶아 바치고 고하면서 그 달의 역을 가져다 나라 안에 반포하였다. 춘추시대에 이르러 유명무실화됨.

*餼羊 ; 제사에 쓰는 羊, 희생에 바치는 羊.

{양을 바치는 고대의 제례의식 중 하나로 내용은 없이 형식만 갖추는 것을 의미한다.}

【名言】고삭희양(告朔餼羊) ; 자공이 매월 초하룻날 태묘에 고유(告由 ; 중대한 일을 치른 뒤에 그 내용을 사당이나 신명에게 고함)하면서 희생으로 양을 바치는 것을 없애려고 하자, 공자가 말했다. "사(賜 : 자공)야! 너는 그 양(羊)이 아까워서 그러느냐? 나는 그 예(禮)가 아깝구나(賜也 爾愛

其羊 我愛其禮)."

고삭 또는 곡삭은 중국 주(周)나라 제도 중 하나로, 매년 연말이면 천자가 제후들에게 이듬해 사용할 12개월의 역(曆)을 제후에게 반포하면, 제후는 이를 받아 각기 선조의 사당에 두고 매달 초하루에 양을 삶아 바치고 고하면서 그 달의 역(曆)을 가져다 나라 안에 반포하였다.

춘추(春秋)시대에 이르러 제후국인 노(魯)나라는 문공(文公) 때부터는 고삭의식은 지내지 않고 양을 바치는 것으로 예법을 유지하였다. 자공은 의식은 거행하지 않으면서 양만 희생시키는 것에 대해 실제는 없이 허비하는 것이라 여겨 그것까지 폐지해야 한다고 생각하였다.

이에 공자는 양을 희생으로 바치는 것마저 사라지면 예법이 없어질 수 있다며 안타깝게 여겼다. 후대에 전해지는 바가 있으려면 형식만 남은 허울뿐인 예법일지라도 존속되어야 하기 때문이다. 여기서 전하여 『고삭희양』은 정성이 없이 겉치레뿐인 것, 나아가 허례인 것 같아도 보존하여 훗날의 소용을 기다린다는 뜻을 이른다.

■ 君使臣以禮 臣使君以忠
   군 사 신 이 예   신 사 군 이 충

신하를 쓸 때에는 주군은 예의(禮儀)로써 하고, 신하가 주군을 섬길 때에는 충성으로 한다.

{사회는 지휘하는 자와 지휘를 받는 자, 명령을 하는 자와 명령을 받는 자의 관계가 있다. 위에 있는 자는 아래 있는 자에게 예의를 지켜야 하고, 아래에 있는 자는 위에 있는 자를 성심으로 섬겨야 한다.}

■ 成^성事^사不^불說^설 遂^수事^사不^불諫^간 旣^기往^왕不^불咎^구

이루어진 일이라 말하지 않고, 되어버린 일이라 간하지 않으며, 이미 지나간 일이라 허물하지 않는다.

*遂 ; 이르다, 성취하다. 諫 ; 간하다. 咎 ; 허물 구. 旣 ; 이미. 往 ; 가다.

【名言】기왕불구(旣往不咎) ; 노나라 애공(哀公)이 공자의 제자 재아(宰我)에게 사(社)에 대해서 물었다. 『사』는 천자나 제후가 나라를 지켜주는 수호신을 제사지내는 제단을 말하는 것으로, 그 제단 주위에는 나무를 심게 되어 있었다. 재아는 임금의 물음에 설명을 하고 나서 이렇게 끝을 맺었다.

"하후씨는 사(社)에다 소나무를 심고, 은(殷)나라 사람은 사에다 잣나무를 심었는데, 주(周)나라 사람은 사에다 밤나

무(栗)를 심었습니다. 그런데 주나라 사람이 밤나무를 심은 까닭은 백성들로 하여금 전율(戰慄)하게 하려는 뜻에서였습니다."

밤나무 율(栗)이 전율(戰慄)이란 율과 통용되는 데서 재아가 자기 스스로 착상을 한 것인지 원래의 뜻이 그러했는지는 알 수 없다. 이 말을 전해들은 공자는, 재아의 그 같은 말이 가뜩이나 백성을 사랑할 줄 모르는 임금에게 엉뚱한 공포정치를 하게 할 마음의 계기를 만들어 줄까 두려운 생각이 들었다. 그래서 재아를 보는 순간 이렇게 꾸짖어 말했다. 이 말에 앞서 다른 말이 있었을 것 같은데 그 말은 《논어》에 나와 있지 않다.

"이루어진 일이라 말하지 않고, 되어버린 일이라 간하지 않으며, 이미 지나간 일이라 허물하지 않는다(成事不說 遂事不諫 旣往不咎)." 이 세 가지가 다 비슷한 말인데, 가장 알기 쉬운 『기왕불구』란 말이 널리 쓰이고 있는 것 같다. 공자가 재아에게 한 이 말뜻은 실상 꾸중하는 이상의 꾸중을 뜻하는 말이다. 돌이킬 수 없는 큰 과오를 범했다는 뜻과, 그러기에 말이란 깊이 생각한 뒤에 해야 한다는 깊은 교훈의 뜻이 포함되어 있다.

그러나 현재는 가벼운 뜻으로 쓰이고 있다. 이미 지나간 일을 가지고 탓해 보았자 아무 소용이 없다는 뜻으로 쓰이는 말 가운데서 널리 알려져 있는 말이 『기왕불구(既往不咎)』란 말이다. 『기왕물구(既往勿咎)』라고도 한다. 탓하지 않는다는 것보다는 탓하지 말라는 것이 더 강한 느낌을 준다.

■ 天將以夫子爲木鐸
천 장 이 부 자 위 목 탁

하늘이 장차 선생님을 목탁으로 삼으실 것이다.

*將 ; 장차, 장수. 鐸 ; 방울 탁.

【名言】목탁(木鐸) ; 세상 사람을 가르쳐 바로 이끌 만한 사람이나 기관을 이르는 말이다.

『목탁』하면 생각나는 것이 절간의 목탁 소리로, 한결 더 고요함을 느낀다. 목탁은 혀가 나무로 된 방울을 말한다. 쇠로 만든 것을 옛날에는 금탁(金鐸)이라고 했다. 지금은 방울이라면 곧 쇠로 만든 것을 떠올리게 된다.

그러나 목탁은 독특한 뜻으로 쓰이는 경우가 있다. 예를 들어 "신문은 사회의 목탁이다."할 때, 그것은 사회를 올바로 깨우쳐 주고 이끌어주는 것이란 뜻을 갖게 된다.

이런 의미의 목탁은 오랜 옛날 제도에서 유래한다. 오늘과 같이 홍보수단이 발달하지 못했던 옛날에는 대중의 관심을 집중시키기 위한 방법으로 금탁과 목탁을 사용했다. 즉 관에서 군사(軍事)와 관련이 있는 일을 백성들에게 주지시킬 때는, 담당 관원이 금탁을 두들기며 관의 지시와 명령을 대중에게 전달했다. 또 군사가 아닌 일반 행정이나 문교(文敎)에 관한 사항을 전달할 때는 목탁을 두들기며 관원이 골목을 돌곤 했다.

즉 "신문은 문교에 관한 일을 사회와 대중에게 전달하는 매개체다" 하는 뜻으로 목탁이란 말을 쓰게 된 것이다. 그런데 이 목탁이란 말과 그것이 지니는 사회적 의의는 《논어》에서 비롯되었다.

공자가 모국인 노나라를 떠나 위(衛)나라 국경 가까이에 있는 의(儀)라는 곳에 다다랐을 때, 이곳 관문을 지키는 봉인(封人)이 공자에게 면회를 청하며 제자들에게 이렇게 말했다. "거룩하신 분들이 이곳으로 오시면, 나는 한 분도 빠짐없이 다 만나 뵈었습니다."

그래서 제자들은 그를 곧 안내해서 공자를 뵙게 해주었다. 그가 공자를 뵙고 어떤 이야기들을 주고받았는지는 알 수 없다. 그러나 그는 공자에게서 물러나오자 자못 정중한 태도로, "여러분께서는 조금도 안타까워하실 필요가 없습니다. 천하가 어지러운 지 이미 오래인지라, 하늘이 장차 선생님으로 『목탁』을 삼으실 것입니다(二三子何患於喪乎 天下之無道也久矣 天將以夫子爲木鐸)." 하며 제자들을 위로했다는 것이다.

■ 盡美矣 又盡善也
진미의　우진선야

아름다움을 다하고 또 착함을 다했다.

*盡 ; 다하다, 죽다.

【名言】진선진미(盡善盡美) ; 착함을 다하고 아름다움을 다했다는 말로 더 이상 바랄 것이 없을 만큼 잘 되어 있다는 뜻으로 많이 쓰인다.

원문에는 『진미진선(盡美盡善)』으로 나와 있다. 즉 공자가 순임금의 악곡인 소(韶)와 무왕의 악곡인 무(武)를 감상한 말이다. 공자께서 소를 일러 말하기를, "아름다움을 다하고 또 착함을 다했다 하시고(子謂韶 盡美矣 又盡善也), 무를 일러 말씀하시기를, 아름다움을 다하고 착함을 다하지 못했다고 하셨다(謂武 盡美矣 未盡善也)."

순임금은 요임금에게서 천하를 물려받아, 다시 이것을 우임금에게 물려주었다. 순임금의 그러한 일생을 음악에 실어

나타낸 것이 『소』라는 악곡이었다. 순임금이 이룬 공은 아름다웠고, 그의 생애는 착한 것의 연속이었다. 그러므로 그 이상 아름다울 수도 착할 수도 없는 일이었다.

공자는 이 악곡을 들으며 석 달 동안 고기 맛을 몰랐다고 한다. 무왕은 은의 주(紂)를 무찌르고 주(周)나라를 창건한 사람이다. 그가 세운 공은 찬란하지만, 혁명이란 방법을 택하지 않으면 안 되었던 그 과정은 완전히 착한 일은 될 수 없었다. 그러므로 공은 아름다워도 동기와 과정만은 착한 것이 될 수 없었다.

결국 미는 이룬 결과를 말하고, 선은 그 동기와 과정을 말하는 것이다. 그러나 오늘날 우리가 쓰고 있는 "진선진미"는 그런 구별 없이 아무런 결점도 없는 완전무결한 것을 말한다.

八佾篇 第三

孔子謂季氏 : "八佾舞於庭, 是可忍也, 孰不可忍也!"

三家者以雍徹. 子曰 : "相維辟公, 天子穆穆. 奚取於三家之堂!"

子曰 : "人而不仁, 如禮何! 人而不仁, 如樂何!"

林放問禮之本. 子曰 : "大哉問! 禮, 與其奢也, 寧儉, 與其易也, 寧戚."

子曰 : "夷狄之有君, 不如諸夏之無也."

季氏旅於泰山. 子謂冉有曰 : "汝弗能救與?" 對曰 : "不能." 子曰 : "嗚呼! 曾謂泰山, 不若林放乎!"

子曰 : "君子無所爭. 必也射乎! 揖讓而升, 下而飮, 其爭也君子."

子夏問曰 : "巧笑倩兮, 美目盼兮. '何謂也?" 子曰 : "繪事後素." 曰 : "禮後乎?" 子曰 : "起予者商也, 始可以言詩已矣."

子曰 : "夏禮吾能言之, 杞不足徵也. 殷禮吾能言之, 宋不足徵也. 文獻不足故也. 足, 則吾能徵之矣."

子曰 : "禘, 自旣灌而往者, 吾不欲觀之矣."

或問禘之說. 子曰 : "不知也. 知其說者之於天下也, 其如示諸斯乎?"指其掌.

祭如在, 祭神如神在. 子曰: "吾不與祭, 如不祭."

王孫賈問曰: "與其媚於奧, 寧媚於灶也. 何謂也?"子曰: "不然. 獲罪於天, 無所禱也."

子曰: "周監於二代. 鬱鬱乎文哉, 吾從周."

子入太廟, 每事問. 或曰: "孰謂鄒人之子知禮乎? 入太廟, 每事問." 子聞之曰: "是禮也."

子曰: "射不主皮, 爲力不同科, 古之道也."

子貢欲去告朔之餼羊. 子曰: "賜也, 爾愛其羊, 我愛其禮."

子曰: "事君盡禮, 人以爲諂也."

定公問: "君使臣, 臣事君, 如之何?"孔子對曰: "君使臣以禮, 臣事君以忠."

子曰: "關雎, 樂而不淫, 哀而不傷."

哀公問社於宰我. 宰我對曰: "夏後氏以松, 殷人以柏, 周人以栗. 曰:'使民戰栗.'" 子聞之曰: "成事不說, 遂事不諫, 旣往不咎."

子曰: "管仲之器小哉!" 或曰: "管仲儉乎?" 曰: "管氏有三歸, 官事不攝. 焉得儉?" "然則管仲知禮乎?" 曰: "邦君樹塞門, 管氏亦樹塞門. 邦君爲兩君之好, 有反坫, 管氏亦有反坫. 管氏而知禮, 孰不知禮?"

子語魯太師樂, 曰：“樂其可知也. 始作, 翕如也. 從之, 純如也, 皦如也, 繹如也. 以成.”

儀封人請見, 曰：“君子之至於斯也, 吾未嘗不得見也.” 從者見之. 出曰：“二三子, 何患於喪乎? 天下無道也久矣, 天將以夫子爲木鐸.”

子謂韶：“盡美矣, 又盡善也.” 謂武：“盡美矣, 未盡善也.”

子曰：“居上不寬, 爲禮不敬, 臨喪不哀. 吾何以觀之哉!”

제4편 이인(里仁)

■ 里仁爲美 擇不處仁 焉得知
이 인 위 미   택 불 처 인   언 득 지

인(仁)에 거처하는 것이 좋으며, 그러한 곳을 택하여 살지 않으면 어찌 지혜롭다 할 수 있겠는가?

*里 ; 마을, 거처하다. 擇 ; 가리다, 고르다. 焉 ; 어찌. 得 ; 얻다, 이득.

{인(仁)으로 행동의 근본으로 삼고, 인(仁)의 도리를 벗어나지 않은 마음가짐으로 정신을 인(仁)에다 둔다. 이것이 사람으로서 가장 아름다운 것이다.}

■ 不仁者不可以久處約
불 인 자 불 가 이 구 처 약

어질지 못한 사람은 역경(逆境)에 오래 있지 못하며, 행복도 오래 누리지 못한다.

*久 ; 오래다. 處 ; 살다, 거처하다. 約 ; 묶다, 약속하다.

{인(仁)의 도리를 지키는 마음가짐이 없는 자는 정신적으로나 물질적으로나 오랫동안 궁핍한 생활을 견딜 수가 없어 결국은 타락하게 된다.}

■ 仁者安仁 知者利仁
인 자 안 인   지 자 이 인

어진 사람은 仁을 편안하게 여기고 지혜로운 사람은 仁을 이롭게 생각한다.

{仁을 행하고, 仁의 도리에 살고, 그리고 그것에 안심을 얻고 있는 것이 인자(仁者)이다. 지자(知者)는 仁이 자기에게 이익이 있을 것이라고 이것을 열심히 욕구한다.}

■ 唯仁者能好人 能惡人
유 인 자 능 호 인   능 오 인

오직 어진 사람은 사람을 좋아할 줄 알고 미워할 줄 안다.

*唯 ; 오직, 비록 ~하더라도. 惡(오) ; 미워하다.

{인자(仁者)는 좋은 것은 좋다고 하고 나쁜 것은 나쁘다고 하는 공평함을 지닌다. 그래서 인자(仁者)는 사람을 사랑하고 친하는 일면 사람을 미워도 한다. 미워할 때는 그 사람의 악을 미워하는 것이지 사람을 미워하는 것은 아니다.}

■ 苟志於仁矣 無惡也
구 지 어 인 의   무 악 야

진실로 인에 뜻을 두면 악이 없다.

*苟 : 진실로. 志 ; 뜻, 마음.

{인(仁)에서 산다는 것은 순수한 마음가짐으로 행동하는

것이다. 적어도 인(仁)에서 살려고 한다면 그 마음속에 악이
생길 리는 없는 것이다.

■ 君子去人 惡乎成名

군자가 인을 버린다면 어찌 군자란 이름이 이룩되겠는가.

*去 ; 떠나다, 잃다.

{군자는 인(仁)을 행하는 이외의 것으로 명성을 얻으려고
생각하지 않는다. 바른 방법으로 원하는 것을 얻어야 그 참
된 얻음이라 하겠다. 정도를 지키면서 인을 중시하여야 한
다는 말이다.}

■ 觀過斯知仁矣

허물이 없는 사람은 없다. 모든 사람은 크던 작던 잘못
(허물)을 저지른다.

{사람의 잘못은 그 부류에 따라 다르니, 잘못을 보면 곧
그 사람됨을 알 수 있다. 잘못은 피할 수 없는 것이다. 잘못
도 인정이 지나쳐서 저지르는 경우가 있고 몰인정한 경우도
있다. 그 잘못의 방법에 따라서 그 사람의 본성을 알 수 있
는 것이다.}

■ 朝聞道夕死可矣
조 문 도 석 사 가 의

아침에 도를 들으면 저녁에 죽어도 좋다.

*朝 ; 아침, 처음, 시작. 聞 ; 듣다, 널리 견문하다. 道 ; 길, 이치, 근원.

【名言】조문도석사가의(朝聞道夕死可矣) ; "아침에 도를 들으면 저녁에 죽어도 좋다." 공자의 말이다.

그러나 이 말에 대해서는 여러 가지 해석이 행해지고 있다. 쉬운 말인데도 그 말이 지니고 있는 참 뜻이 애매한 것이다. 혹자는 말하기를, 죽게 된 친구를 앞에 놓고 한 말이라고 한다. 즉 육체적인 생명이 끝나는 것보다도 진리를 깨치는 것이 더욱 중요하다는 것을 강조하여, "그대는 이미 진리를 깨친 사람이니 이제 죽은들 무슨 안타까움이 있겠느냐." 하는 뜻으로 말했을 거라는 것이다.

그러나 일반적으로 진리를 탐구하는 공자의 애절한 염원을 나타낸 말로 풀이되고 있다. 다음에는 도(道)가 무슨 뜻이냐 하는 해석이다. 위(魏)나라 하안(何晏)과 왕숙(王肅)은, "공자가 머지않아 죽을 나이에 이르러, 세상에 도가 행해지고 있다는 소리를 듣지 못한 것을 한탄해서 한 말이다." 라고 했다.

그러나 이것은 도덕이 땅에 떨어진 당시를 개탄하는 자신들의 심경을 여기에 반영시킨 해석으로 보고 있다. 또 혹자는 『가의(可矣)』를 좋다고 해석할 것이 아니라 괜찮다고 읽어야 옳다고 주장한다. 어감은 다르지만 근본적인 해석에 차이가 있는 것은 아니다.

또 혹자는 이렇게 말한다. "참다운 도를 깨닫는 순간 사람은 영혼의 불멸을 알게 된다. 영혼의 불멸을 깨달은 사람에게 죽음은 아무런 의미를 갖지 못하는 것이다. 공자가 말한 도는 불교에서 말하는 극락왕생(極樂往生)의 진리를 말한 것이다."라고.

■士志於道 而恥惡衣惡食者 未足與議也
　사 지 어 도　　이 치 악 의 악 식 자　　미 족 여 의 야

선비가 도에 뜻을 두면서, 나쁜 옷 나쁜 음식을 부끄러워하는 자와는 더불어 의논할 수 없다.

*與 ; 주다, 베풀다. 足 ; 발, 뿌리, 족하다. 議 ; 의논하다.

{ "선비가 도에 뜻을 둔다" 는 말은 지도자가 되어 대중을 이롭게 한다는 의미다. 도에 뜻을 둔 선비가 악의악식(惡衣惡食)을 싫어하고 호의호식(好衣好食)을 즐긴다면 지도자의 격을 갖추지 못한 것이다.}

■ 君子懷德 小人懷土 君子懷刑 小人懷惠
군자회덕 소인회토 군자회형 소인회혜

군자는 덕을 생각하고 소인은 땅을 생각하며, 군자는 형벌을 생각하고 소인은 은혜를 생각한다.

*懷 ; 품다. 刑 ; 형벌. 惠 ; 은혜.

{군자가 덕을 품으면 백성들이 땅을 품어 머물고, 군자가 형벌로 다스리면 백성들이 자비를 좇아 떠난다고 풀이하여 군자가 덕으로 다스리는 것의 중요성을 강조한다. 반면에 다른 풀이에 따르면 군자와 소인을 비교하며, 군자의 길이 어떤 것인지를 밝히는 것으로 풀이하면 군자는 덕을 품고, 소인은 땅을 품으며, 군자는 형벌을 품고, 소인은 혜택을 품는다는 말이 된다. 이는 다시 풀이하면 군자는 덕을 추구하고 소인은 땅, 곧 경제적 이득을 추구한다는 것을 말하고, 이어 군자는 형벌, 즉 법과 제도에 따른 다스림을 추구하지만, 소인은 혜택을 바라는 것으로 풀이한다.

■ 不患無位 患所以立
불환무위 환소이립

지위가 없음을 걱정하지 말고, 지위에 설 것을 걱정하라.

{자리가 없음을 걱정하지 않고 자리가 생겼을 때 어떻게 그 자리에 설 것인가를 걱정하며, 나를 알아주는 사람이 없

음을 걱정하지 않고 남이 나를 알아줄 만하게 되기를 추구
한다(不患莫己知 求爲可知也).}

■ <ruby>吾<rt>오</rt></ruby><ruby>道<rt>도</rt></ruby><ruby>一<rt>일</rt></ruby><ruby>以<rt>이</rt></ruby><ruby>貫<rt>관</rt></ruby><ruby>之<rt>지</rt></ruby>

나의 도는 하나로 꿰었다.

*貫 ; 꿰뚫다, 통과하다.

【名言】 일이관지(一以貫之) ; 《논어》에 보면 공자는 똑
같은 말을 증자(曾子)와 자공(子貢) 두 사람에게 하고 있다.
이인편(里仁篇)에는 이렇게 기록되어 있다. 공자가 말했다.
"삼(參, 증자)아, 내 도는 하나로 꿰었다(參乎吾道 一以貫
之)." 그러자 증자는, "네." 하고 대답했다.

공자가 나가자 증자의 제자들이 증자에게 물었다. "무슨
말씀이십니까?" "선생님의 도는 충(忠)과 서(恕)뿐이다(夫
子之道忠恕而已矣)." 충(忠)은 지성(至誠)이란 뜻이다. 《중
용》에 보면 『지성』은 하늘과 통해 있다고 했다. 서(恕)는
지성 그대로를 실천에 옮기는 것을 말한다. 즉 진리에 따라
그대로 행하는 것이 『일이관지』인 것이다.

위령공편에는 또 이렇게 기록되어 있다. 공자가 말했다.
"사(賜, 자공)야, 너는 나를 많이 배워서 알고 있는 사람으

로 아느냐(賜也 女以予爲多學而識之者乎)?" 자공이 대답했
다. "그렇습니다. 아닙니까?" 공자가 말했다. "아니다. 나
는 하나로써 꿰었다(非也 予 一以貫之)."

공자는 당시 많은 사람들로부터 아는 것이 많다는 이유
로 성인이라 불리는 일이 종종 있었다. 그런 점에서는 자공
도 마찬가지였다. 자공은 남과 말하기를 좋아했기 때문에
사람들은 자공은 공자보다 더 박식인 걸로 알고 있었고, 그
점에서 자공이 공자보다 낫다고 말하는 사람도 많았다. 증
자는 둔한 사람으로 실천 위주의 수양에 힘쓴 것으로 전해
지고 있다. 그 증자에게 공자는 "일이관지"란 말로 일깨워
주었고, 증자는 즉시 그 말에 의해 진리를 깨달았다.

재주가 너무 많은 자공에게 공자는 많이 배우고 아는 것
이 소중한 것이 아니라, 오직 하나뿐인 진리를 깨닫는 것이
보다 중하다는 것을 일깨워준 것이다. 공자는 상대방이 깨
닫지 못할 말은 하지 않았다. 그것을 교육의 철칙으로 삼고
있었다. 그러므로 공자의 이 한 마디에 자공은 진리를 깨달
았을 것으로 생각된다.

『일이관지』는 불교의 선문답(禪問答)과도 흡사한 점이
있는데, 역시 공자는 그런 뜻에서 이 말을 한 것이 틀림없다.
그 하나가 무엇이라는 것을 증자는 충과 서라고 했다. 공자

는 하나라고 한 것을 증자는 두 말로 표현한 것이다.《중
용》첫머리에 이렇게 말했다. "하늘이 주신 것이 성품이요,
성품대로 하는 것이 도요, 도를 닦는 것이 가르침이다(天命
之謂性 率性之謂道 修道之謂敎)."

성품대로 하는 것이 도다. 도를 깨쳤다는 것은 하늘이 주
신 본성을 깨닫는 것이다. 불교에서는 도를 깨치는 것을 견
성(見性)이라고 한다. 유교에서는 도를 얻는 것을 솔성(率
性)이라고 했다. 충은 하느님을 보는 것이요, 도는 사람을
사랑하는 것이다. 하느님은 곧 성품(性品)이다. 참으로 하느
님을 본 사람은 사람을 사랑하게 되는 것이다.

이『일이관지』가 현재는 본래의 뜻과는 달리 쓰이고 있
다. 처음부터 끝까지 변함이 없다는 뜻으로 쓰이기도 하고,
그것만 해결하면 그 다음부터는 일사천리로 밀고 나가게 된
다는 뜻으로도 쓰인다. 즉 일관(一貫)이란 뜻과 일사(一瀉)
란 뜻으로 쓰이는 것이다. 물론 약간 해학적인 것을 살리기
위한 말이다.

■ 君子喩於義 小人喩於利

군자유어의 소인유어리

군자는 의에 밝고, 소인은 이(利)에 밝다.

*喩 ; 밝다, 밝히 알다.

{군자는 자기의 행동이 의(義)에 어긋나지 않았는지를 생각하고, 소인은 이익을 먼저 생각한다.}

■ <ruby>見<rt>견</rt></ruby><ruby>賢<rt>현</rt></ruby><ruby>思<rt>사</rt></ruby><ruby>齊<rt>제</rt></ruby><ruby>焉<rt>언</rt></ruby>

현명한 사람을 보면 그와 같아지려고 생각한다.

*賢 ; 어질다. 齊 ; 가지런하다.

{어진 사람을 보고 시샘하는 생각을 버리고 그와 같이 되도록 마음 쓴다.}

■ <ruby>見<rt>견</rt></ruby><ruby>不<rt>불</rt></ruby><ruby>賢<rt>현</rt></ruby><ruby>而<rt>이</rt></ruby><ruby>內<rt>내</rt></ruby><ruby>自<rt>자</rt></ruby><ruby>省<rt>성</rt></ruby><ruby>也<rt>야</rt></ruby>

어질지 못한 사람을 보면 스스로 깊이 반성한다.

*省 ; 살피다.

{자기보다 못한 자, 어리석은 자와 접할 경우 그것을 자기 반성의 재료로 삼는다. 자기보다 못한 자라도 스승으로 삼을 수가 있는 것이다.}

■ <ruby>勞<rt>노</rt></ruby><ruby>而<rt>이</rt></ruby><ruby>不<rt>불</rt></ruby><ruby>怨<rt>원</rt></ruby>

효자는 부모를 위해 어떤 고생을 하더라도 결코 부모를

원망하지 않는다.

*勞 ; 일하다. 怨 ; 원망하다, 미워하다.

■ 父母在 不遠遊 遊必有方
부모재 불원유 유필유방

부모가 살아 계시면 멀리 떠나지 말 것이며, 떠나더라도 반드시 행방을 알려야 한다. 공자의 말이다.

*遊 ; 놀다, 여행하다. 方 ; 모, 방위.

■ 父母之年 不可不知也 一則以喜 一則以懼
부모지년 불가부지야 일즉이회 일즉이구

부모의 연세는 평소에 알고 있어야 한다. 한편으로 오래 사신 것이 기쁘지만, 다른 한편으로 오래 사셨으니 부모를 섬길 수 있는 시간이 적어지는 게 두렵기 때문이다.

*喜 ; 기쁘다. 懼 ; 두려워하다.

{어버이의 나이를 생각하면 한편으로는 오래 사시는 점에 대해 기쁘고, 한편으로는 앞으로 사실 나날이 그만큼 줄어든 셈이므로 이를 두려워하는 것이 효자의 마음이다.}

■ 君子欲訥於言 而敏於行
군자욕눌어언 이민어행

군자는 말은 어눌하되 행동은 민첩하고자 한다.

 *欲 ; 하고자 하다. 訥 ; 어눌하다. 敏 ; 재빠르다. 行 ; 가다, 행하다.

【名言】 눌언민행(訥言敏行) ; 말은 더디지만 행동은 민첩하다. 즉 언어에는 과묵하지만 자기개혁이나 선행에는 민첩하다는 말이다. 본래 유가(儒家)에서는 배우는 사람의 자세로서 "눌언민행" 해야만 스승의 가르침을 제대로 따를 수 있다는 것이다.

 공자가 말했다. "군자는 말하는 데는 둔하여도 실천하는 데는 민첩해야 한다(君子欲 訥於言 而敏行)."

 이 말은 《논어》의 여러 곳에서 언급하고 있다. 공자는 자신의 수제자로 아끼던 안회를 위정편에서 이렇게 말하고 있다.

 "내가 안회와 종일토록 이야기를 하여도 어기지 않음이 바보 같다(吾與回言終日 不違如愚)."

 안회가 겉보기는 그러하지만, 마음속으로는 내가 한 말을 충분히 터득하고 있을 터이다 하고 평가한 말의 한 구절이다. 배우는 사람은 스승과 논쟁하거나 자신의 주장을 내세워 스승의 가르침과 대립해서는 안 된다는 것이 과거 성현들의 가르침이었다. 여기서는 말만 번지르르하고 행동이 이에 따르지 못하는 그런 사람들에 대한 경계로 보아야 할 것이다.

■ <ruby>德<rt>덕</rt></ruby><ruby>不<rt>불</rt></ruby><ruby>孤<rt>고</rt></ruby><ruby>必<rt>필</rt></ruby><ruby>有<rt>유</rt></ruby><ruby>隣<rt>린</rt></ruby>

덕이 있으면 외롭지 않아 이웃이 있다.

*德 ; 덕. 孤 ; 외롭다. 隣 ; 이웃, 돕다.

【名言】 덕불고필유린(德不孤必有隣) ; "덕이 있으면 외롭지 않아 반드시 이웃이 있다." 공자가 말했다.

덕을 갖추거나 덕망이 있는 사람은 외롭지 않아 반드시 이웃이 있게 마련이라는 말이다. 덕을 지닌 사람은 다른 사람을 평온하고 화목한 덕의 길로 인도해 주면서 그 길을 함께 나아가므로 외롭지 않은 것이다. 너그러운 아량으로 매우 좋은 일을 하는 덕스러운 사람은 때로는 고립하여 외로운 순간이 있을지라도 반드시 함께 참여하는 사람이 있다는 뜻으로, 덕을 쌓는 데 정진하라는 말이다.

덕이 있으면 반드시 따르는 사람이 있으므로 외롭지 않다는 뜻이다. 같은 무리들이 함께 어울리는 유유상종(類類相從)처럼 덕을 갖춘 사람에게는 반드시 그와 비슷한 유덕(有德)한 사람들이 따른다는 것을 말한다.

■ <ruby>朋<rt>붕</rt></ruby><ruby>友<rt>우</rt></ruby><ruby>數<rt>삭</rt></ruby> <ruby>斯<rt>사</rt></ruby><ruby>疏<rt>소</rt></ruby><ruby>矣<rt>의</rt></ruby>

친구를 사귀는 데 있어 충고가 잦으면 사이가 멀어진다.

*數(삭) ; 많다, 잦다. 疏 ; 사이가 트다.

{자유가 말하기를, "임금을 섬기는데, 같은 간쟁을 자주 하면 욕을 보게 되고, 친구를 사귀는데도 같은 충고를 자주 하면 사이가 멀어진다(事君數 斯辱矣 朋友數 斯疏矣)." 하였다.}

里仁篇 第四

子曰 : "里仁爲美. 擇不處仁, 焉得知!"

子曰 : "不仁者, 不可以久處約, 不可以長處樂. 仁者安仁,
知者利仁."

子曰 : "唯仁者能好人, 能惡人."

子曰 : "苟志於仁矣, 無惡也."

子曰 : "富與貴, 是人之所欲也, 不以其道得之, 不處也.
貧與賤, 是人這所惡也, 不以其道得之, 不去也. 君子去仁, 惡
乎成名? 君子無終食之間違仁, 造次必於是, 顚沛必於是."

子曰 : "我未見好仁者, 惡不仁者. 好仁者無以尚之, 惡不
仁者其爲仁矣, 不使不仁者加乎其身. 有能一日用力於仁矣乎,
我未見力不足者. 蓋有之矣, 我未之見也."

子曰 : "人之過也, 各於其黨. 觀過, 斯知仁矣!"

子曰 : "朝聞道, 夕死可矣."

子曰 : "士志於道, 而恥惡衣惡食者, 未足與議也."

子曰 : "君子之於天下也, 無適也, 無莫也, 義之與比."

子曰 : "君子懷德, 小人懷土. 君子懷刑, 小人懷惠."

子曰 : "放於利而行, 多怨."

子曰 : "能以禮讓爲國乎, 何有. 不能以禮讓爲國, 如禮

何?"

子曰 : "不患無位, 患所以立. 不患莫己知, 求爲可知也."

子曰 : "參乎, 吾道一以貫之." 曾子曰 : "唯." 子出, 門
人問曰 : "何謂也?" 曾子曰 : "夫子之道, 忠恕而已矣."

子曰 : "君子喻於義, 小人喻於利."

子曰 : "見賢思齊焉, 見不賢而內自省也."

子曰 : "事父母幾諫, 見志不從, 又敬不違, 勞而不怨."

子曰 : "父母在, 不遠遊, 遊必有方."

子曰 : "三年無改於父之道, 可謂孝矣."

子曰 : "父母之年, 不可不知也. 一則以喜, 一則以懼."

子曰 : "古者言之不出, 恥恭之不逮也."

子曰 : "以約失之者鮮矣."

子曰 : "君子欲訥於言而敏於行."

子曰 : "德不孤, 必有鄰."

子遊曰 : "事君數, 斯辱矣. 朋友數, 斯疏矣."

제5편 공야장(公冶長)

■ 焉用佞
언 용 녕

도대체 어디에 쓰겠다는 건가?

*焉 ; 어찌. 佞 ; 아첨하다, 말재주.

{혹자가 이르기를, "옹(雍)은 어질지만 말재주가 없다(雍
也仁而不佞)." 옹은 공자의 제자로 성은 염(冉), 자는 중궁
(仲弓)이며 옹은 이름이다. 공자가 말했다. "말재주가 무슨
소용이 있는가? 그럴듯한 말재주로써 다른 사람을 대하면
자주 다른 사람의 미움을 사게 된다. 그가 어진지 어떤지는
모르겠으나, 말재주가 무슨 소용이 있는가?"

어째서 입이 능숙한 사람이 필요한가. 인물의 첫째 요건
은 재주보다는 성실이다.}

■ 道不行 乘桴浮于海
도 불 행 승 부 부 우 해

도가 시행되지 않으니 떼를 타고 바다로 가련다.

*乘 ; 타다, 오르다. 桴 ; 마룻대, 浮 ; 뜨다.

{공자가 이르기를, "도가 행해지지 않아 뗏목을 타고 바
다로 나간다면 나를 따라갈 사람은 아마 유(由 ; 자로)일 것

이다.”하고 말하자, 자로가 이 말을 듣고 기뻐하였다. 이에
공자가 말했다. “유는 용맹을 좋아함이 나를 능가하건만
뗏목 만들 목재를 구할 데가 없구나(由也好勇過我 無所取
材).” 칭찬을 듣고 기뻐하는 자로에게 공자가 농담으로 응
수한 것이다. 공자의 이상과 다른 절망 또는 체념한 나머지
개탄하여 토로한 말이다. 이상을 실현할 수 있다면 어디든
달려가려고 한 공자가 난세(亂世)를 한탄한 말이다.}

■ 賜也何敢望回 回也聞一以知十 賜也聞一以知二

   제가 어찌 회를 넘볼 수 있겠습니까. 회는 하나를 듣고도
열을 알지만, 저는 하나를 들으면 겨우 둘 정도만 알 수 있
을 뿐입니다.

   *賜(자공의 이름) ; 주다. 敢 ; 감히, 감히 하다. 望 ; 바라
다, 멀리 내다보다.

   【名言】문일지십(聞一知十) ; 하나를 듣고 열을 미루어 앎.
곧 지극히 총명함.

   공자가 자공(子貢)을 불러 물었다. “너와 안회(顔回) 둘
가운데 누가 낫다고 생각하느냐?”

   공자의 제자가 3천 명이나 되었고, 후세에 이름을 남긴 제

자가 72명이나 되지만, 당시 재주로는 자공을 첫손에 꼽고 있었다. 실상 안회는 자공보다 월등 나은 편이었지만, 그는 공자가 말했듯이 통 아는 기색을 하지 않는 바보 같은 사람이기도 했다. 공자는 안회와 자공을 다 같이 사랑했지만, 안회를 나무란 일은 한 번도 없었다. 항상 꾸중을 듣는 자공이 실상 속으로는 안회를 시기하고 있었을 것으로 보는 사람들도 있다. 그래서 공자는 스스로 재주를 자부하고 있는 자공이 안회를 어떻게 보고 있는가가 궁금하기도 했다. 자공은 서슴지 않고 이렇게 대답했다.

"사(賜 : 자공의 이름)가 어찌 감히 회(안회)를 바랄 수 있습니까. 회는 하나를 들으면 열을 알고, 사는 하나를 들으면 둘을 알 뿐입니다(賜也何敢望回 回也聞一以知十 賜也聞一以知二)."

하나를 들으면 열을 안다는 것은, 한 부분만 들으면 전체를 다 안다는 뜻으로 풀이하고 있다. 하나를 들으면 둘을 안다는 것은 반쯤 들으면 결론을 얻게 되는 그런 정도라고나 할까. 공자는 자공의 대답에 만족했다. 역시 자공은 알고 있구나 하는 생각이 들었다. 그래서 "네가 안회만은 못하다. 나도 네 말을 시인한다."고 말했다.

朽木不可雕也
_{후 목 불 가 조 아}

썩은 나무에는 조각을 할 수가 없다. *雕 ; 새기다.

【名言】 후목불가조(朽木不可雕) ; 일이나 상황이 나빠질 대로 나빠져서 더 이상 어찌할 방도가 없음을 비유하는 말.

공자의 제자 재여(宰予)가 어느 날, 낮잠을 자고 있었다. 공자가 크게 노해 그를 깨워 꾸짖으며 이르기를, "썩은 나무에는 새길 수없고(朽木不可雕), 썩어 문드러진 흙으로 쌓은 담은 흙손으로도 손질할 수 없다(糞土之牆 不可雕也)." 고 하였다.

재여는 평소 말을 잘하는 사람으로, 공자는 일찍이 그의 말만 믿고 행동 또한 그러려니 여겼는데, 낮잠을 자면서 게으름을 피우는 것을 보고 화가 나서, 꾸짖거나 가르쳐도 희망이 없다는 뜻으로 이른 것이다. 후목분장(朽木糞牆)이란 말로도 쓰인다.

唯恐有聞
_{유 공 유 문}

혹시나 또 무슨 말을 듣게 될까 겁을 냄.

*唯 ; 비록, 오로지. 恐 ; 두려워하다.

{한 가지 착한 일을 들으면 다음에 들게 될 착한 것과 겁

치기 전에 어서 다 배워 익히려는 열심(熱心)인 태도를 말한다.]

【名言】 유공유문(唯恐有聞) ; 자로는 한번 옳다고 생각되면 잠시도 지체하지 못하는 거칠고 급하며 과감한 성격을 지니고 있었다. 그래서 공자는 그의 그런 점을 때로 늘 칭찬도 했지만, 염려를 하는 편이 더 강했다. 공자는 언젠가 자로를 이렇게 평했다.

"도가 행해지지 않는지라 뗏목을 타고 바다에 떠돌까 하는데, 아마 나를 따라나설 사람은 자로밖에 없을 것이다."

이 말은 전해 듣고 자로가 기뻐하자, 공자는 또 그를 가리켜 이렇게 말했다. "유(由 ; 자로)는 용감한 것은 나보다도 앞서 있지만, 그 밖에 취할 만한 것이 없다."

자로의 소박하면서도 우쭐하는 생각을 꺾으려 한 것이다.

공자는 또 이렇게 말한 적도 있다. "낡은 누더기를 입고, 천하에 제일가는 여우나 담비의 가죽옷을 입은 사람과 나란히 서서, 조금도 부끄러운 생각을 갖지 않을 사람은 유(由)밖에 없다."

자로는 이같이 성질이 활달하고 속기(俗氣)를 벗은 일면을 선천적으로 지니고 있었다. 그러므로 공자는 또 그의 그 같은 대쪽 같은 성질을 가리켜 한 마디 말로 시비를 판단해

줄 사람은 자로밖에 없다고도 했다. 자로가 옳다면 세상 사람들은 다 옳은 줄로 믿고, 그가 잘못했다고 하면 무조건 잘못된 걸로 인정하고 있었기 때문에 그의 말에 이의를 제기할 사람이 없었다는 것이다.

또 자로는 남과 약속한 일을 뒤로 미루거나 이행하지 않거나 한 일이 없다고 한다. 이것을 가리켜 『무숙낙(無宿諾)』이라고 했다. 직역하면 허락한 것을 잠재우는 일이 없다는 말로서, 남에게 승낙한 일은 미루어 두지 않고 그 즉시로 실행한다는 뜻이다. 이러한 자로의 특성 중 하나가 여기말한 『유공유문』이다.

민 이 호 학   불 치 하 문
■ 敏而好學 不恥下問

민첩해서 배우기를 즐기고, 아랫사람들에게 묻는 것을 부끄럽게 여기지 않는다.

*敏; 재빠르다. 恥 ; 부끄러워하다.

【名言】불치하문(不恥下問) ; "아랫사람에게 묻는 것을 결코 부끄럽게 여기지 않는다." 라는 뜻으로, 아무리 지위가 낮거나 못난 사람이라 할지라도 자기가 모르는 것을 알고 있을 수 있으니, 자신이 모르는 것을 묻는 것은 신분이나 지위

가 높고 낮음을 가리지 않고 부끄러울 것이 없다는 뜻이다.

옛날 통치자들은 유가 학설의 창시자인 공자를 가리켜 천성적으로 가장 학문이 있는 성인으로 높이 받들었다. 그러나 공자 자신은 이렇게 말했다. "나는 태어나면서부터 학문이 있었던 것은 아니다. 옛것을 좋아해서 민첩하게 이를 구하려는 사람이다."

어느 날 공자는 태묘(太廟)에 가서 노나라 임금이 조상에게 제사를 지내는 의식에 참가한 적이 있는데, 매사에 모르는 것이 있으면 사람들에게 물어본 뒤 시행했다는 것이다. 이에 어떤 사람들은 그가 의례(儀禮)를 너무 모른다고 비난했다. 그 말을 들은 공자는 이렇게 대답했다고 한다. "내가 모르는 일에 매사 묻는 것이 바로 내가 의례를 알려고 하는 것이 아닌가?" 라고.

그 무렵 위나라에는 공어(孔圉)라고 하는 대부가 있었는데, 죽은 뒤에 시호를 문(文)이라 하였다. 때문에 사람들은 그를 공문자(孔文子)라고 불렀다.

이 일을 두고 자공(子貢)이 어느 날 공자에게 이렇게 물었다. "공문자는 왜 시호를 문이라고 했습니까?"

그러자 공자가 대답했다. "그는 명민하면서도 배우는 것을 좋아하여 아랫사람에게 묻는 것도 부끄러워하지 않았다.

이 때문에 문(文)이라고 한 것이다(敏而好學 不恥下問 是以 謂文也)."

『불치하문』은 바로 공자의 이 말에서 유래한 것으로, 오늘날에는 겸허하고 부끄럼 없이 배우기를 즐기고 진심으로 남의 가르침을 받는 태도를 말한다.

비슷한 의미로, "함께 길을 가는 세 사람 가운데 반드시 나의 스승이 될 만한 사람이 있다"는 뜻의 『삼인행필유아사(三人行必有我師)』라는 말이 있다. 이 말은 누구에게라도 배울 점이 있다는 말이다.

또 『공자천주(孔子穿珠)』라는 말이 있는데, 이는 공자가 실에 구슬 꿰는 방법을 몰라 바느질하는 아낙네에게 물어 개미허리에 실을 매고 구슬 구멍 반대편에 꿀을 발라 개미가 꿀 냄새를 맡고 바늘을 통과해 구슬을 꿰었다는 말인데, 역시 자기보다 못한 사람에게 묻는 것을 부끄럽게 여기지 않는다는 뜻이다.

■ 久而敬之
구 이 경 지

오랜 시간이 흘러도 공경하는 마음 있어야 한다.
*久 ; 오래다. 敬 ; 공경하다.

{친구와 사귀는 일은 서로 익숙하게 되면 예의를 잃기 쉽다. 오래 되어도 서로 상대방을 존경하는 사이가 되어야 한다.}

三思而後行

세 번 생각 끝에 행한다.

*思 ; 생각하다.

【名言】삼사이행(三思而行) ; 세 번 생각한 뒤에 행동한다는 뜻으로, 무슨 일이든 성급하게 행하면 실패하기 쉬우니, 깊이 생각하고 난 뒤에 행동으로 옮겨야 한다는 말이다. 그러나 지나치게 생각에 얽매이다 보면 행해야 할 때를 놓쳐 낭패를 볼 수도 있으므로 지나친 생각 역시 경계해야 함을 이른 말이다.

"계문자(季文子)는 세 번 생각한 뒤에야 행동으로 옮겼다. 공자께서 이 말을 들으시고, '생각은 두 번이면 족하다.'고 하였다(季文子 三思而後行 子聞之 曰再斯可矣)."

계문자는 춘추시대 노(魯)나라 사람으로, 문공(文公)과 양공(襄公) 때 대부를 지냈다. 그의 집에는 비단옷을 입은 첩(妾)이 없고, 마구간에는 곡식을 먹는 말이 없었으며, 창고에는 금옥중기(金玉重器)가 없어 사람들이 청렴하고 충직한 사람이라 칭송했다고 한다.

또한 재능과 지혜를 겸비한 사람으로, 생각이 치밀하고 용의주도해 빈틈이 없었다고 한다. 공자는, 행동으로 옮기기 전에 깊이 생각해 보는 것은 당연한 일이지만, 너무 깊이 생각하다 보면 오히려 마음에 의심이 생겨 올바른 판단을 하지 못하게 되므로, 두 번만 생각하면 그로써 충분하다고 말한 것이다. 이처럼 깊이 생각하고 행동한다는 뜻의 『삼사이행』과 비슷한 표현으로 『심사숙고(深思熟考)』 등이 있다.

■ 再斯可矣
재 사 가 의

두 번 생각하면 충분하다.

*再 ; 거듭, 재차. 斯 ; 어조사로 則과 같은 뜻.

{계문자가 "세 번 생각한 후에 행동한다(季文子三思而後行)."라는 말을 공자가 듣고, "두 번이면 족하다(再斯可矣)."라고 했다. 처음 생각하는 것만 가지고는 잘못될 수가 있다. 그렇다고 생각이 지나쳐도 판단력이나 실행력이 둔해진다. 두 번쯤 생각하는 정도면 충분할 것이다.}

伯夷叔齊 不念舊惡 怨是用希
백 이 숙 제　불 념 구 악　원 시 용 희

백이와 숙제는 옛 잘못을 생각하지 않았기 때문에 그들을 원망하는 사람이 적었다.

*夷 ; 오랑캐 이. 希 ; 드물다, 바라다.

【名言】불념구악(不念舊惡) ; 공자는 이렇게 말했다. "백이와 숙제는 옛 악을 생각지 않았다. 그래서 원망이 적었다 (伯夷叔齊 不念舊惡 怨是用希)." 그토록 결백하고 까다로운 백이와 숙제도 지나간 날의 잘못을 염두에 두지 않았기 때문에 사람들은 그의 지나친 결백을 그다지 원망스럽게 생각지 않았다는 뜻이다. 어제 아무리 보기 흉한 짓을 한 사람이라도 오늘 좋은 모습으로 나타나면 반갑게 맞아주는 백이숙제였기 때문에 사람들은 그들을 어려워는 했을망정 미워할 필요는 없었던 것이다.

『기왕불구(旣往不咎)』가 의식적인 노력에서 나오는 아량이라면, 이『불념구악』은 그야말로『명경지수(明鏡止水)』와 같은 성자의 초연한 심정에서일 것이다. 지나간 일을 놓고 콩이야 팥이야 따지는 태도도 삼가야 하겠지만, 한번 밉게 본 사람을 언제나 같은 눈으로 대하는 것은 더욱 삼가야 할 일이다.

■ 無伐善 無施勞
무 벌 선 무 시 로

자신이 잘하는 것은 자랑하지 않고, 힘든 일은 남에게 시키지 않는다.

*伐 ; 치다. 施 ; 베풀다. 勞 ; 일하다, 힘쓰다.

{아무리 좋고 착한 일을 해도 그것을 뽐내지 말고 힘 드는 일은 다른 사람에게 떠넘기지 말라. 안연(顏淵)의 말.}

■ 老者安之 朋友信之 少者懷之
노 자 안 지 붕 우 신 지 소 자 회 지

늙은이들로 하여금 편안히 살게 하고, 친구들로 하여금 나를 믿게 하고, 젊은이들로 하여금 나를 따르게 하겠다.

*朋 ; 벗, 무리 짓다. 懷 ; 품다, 생각.

{안연과 계로가 공자를 모시고 있을 때 공자가, "각자 너희들의 생각을 말해보라."라고 하였다. 자로가 말했다. "거마와 의복을 친구들과 함께하기를 원합니다. 그러다가 그것이 다 떨어져도 유감이 없습니다(願車馬衣裘 與朋友共 敝之而無憾)." 그러자 안연이 말했다. "저의 뛰어난 점을 자랑하지 않고, 제가 잘하는 것을 자랑하지 않고 남을 수고롭게 하지 않겠습니다(願無伐善 無施勞)."

그러자 자로가 말했다. "선생님의 생각을 듣고 싶습니다

(願聞子之志)." 그러자 공자가 말했다. "늙은이들로 하여금 편안히 살게 하고, 친구들로 하여금 나를 믿게 하고, 젊은이들로 하여금 나를 따르게 하겠다."

公冶長篇 第五

子謂公冶長：“可妻也. 雖在縲絏之中, 非其罪也.”以其子妻之. 子謂南容：“邦有道, 不廢, 邦無道, 免於刑戮.” 以其兄之子妻之.

子謂子賤：“君子哉若人. 魯無君子者, 斯焉取斯.”

子貢問曰：“賜也何如?”子曰：“汝器也.”曰 ：“何器也?”曰：“瑚璉也.”

或曰：“雍也仁而不佞.”子曰：“焉用佞. 禦人以口給, 屢憎於人, 不知其仁. 焉用佞?”

子使漆雕開仕. 對曰：“吾斯之未能信.”子說.

子曰：“道不行, 乘桴浮於海, 從我者其由與!” 子路聞之喜. 子曰：“由也好勇過我, 無所取材.”

孟武伯問：“子路仁乎?”子曰：“不知也.”又問. 子曰：“由也, 千乘之國, 可使治其賦也. 不知其仁也.” “求也何如?”

子曰：“求也, 千室之邑, 百乘之家, 可使爲之宰也. 不知其仁也.” “赤也何如?”

子曰：“赤也, 束帶立於朝, 可使與賓客言也. 不知其仁也.”

子謂子貢曰 : "汝與回也孰愈?" 對曰 : "賜也何敢望回. 回也聞一以知十, 賜也聞一以知二."

子曰 : "弗如也. 吾與汝弗如也."

宰予旦寢, 子曰 : "朽木, 不可雕也, 糞土之牆, 不可杇也. 於予與何誅?"

子曰 : "始吾於人也, 聽其言而信其行, 今吾於人也, 聽其言而觀其行. 於予與改是."

子曰 : "吾未見剛者." 或對曰 : "申棖."

子曰 : "棖也欲. 焉得剛!"

子貢曰 : "我不欲人之加諸我也, 吾亦欲無加諸人."

子曰 : "賜也, 非爾所及也."

子貢曰 : "夫子之文章, 可得而聞也, 夫子之言性與天道, 不可得而聞也."

子路有聞, 未之能行, 唯恐有聞.

子貢問曰 : "孔文子何以謂之文也?"

子曰 : "敏而好學, 不恥下問, 是以謂之文也."

子謂子產 : "有君子之道四焉. 其行己也恭, 其事上也敬, 其養民也惠, 其使民也義."

子曰 : "晏平仲善與人交, 久而敬之."

子曰 : "臧文仲居蔡, 山節藻梲, 何如其知也."

子張問曰："令尹子文三仕爲令尹, 無喜色. 三已之, 無慍色. 舊令尹之政, 必以告新令尹. 何如?"

子曰："忠矣!"曰；"仁矣乎?"

子曰："未知. 焉得仁?""崔子弑齊君, 陳文子有馬十乘, 棄而違之. 至於他邦, 則曰：'猶吾大夫崔子也.' 違之, 至一邦, 則又曰：'猶吾大夫崔子也.' 違之. 何如?"

子曰："清矣."曰："仁矣乎?"曰："未知. 焉得仁?"

季文子三思而後行. 子聞之, 曰："再, 斯可矣!"

子曰："寧武子, 邦有道, 則知, 邦無道, 則愚. 其知可及也, 其愚不可及也."

子在陳曰："歸與, 歸與! 吾黨之小子狂簡, 斐然成章, 不知所以裁之."

子曰："伯夷叔齊, 不念舊惡, 怨是用希."

子曰："孰謂微生高直? 或乞醯焉, 乞諸其鄰而與之."

子曰："巧言令色, 足恭, 左丘明恥之, 丘亦恥之. 匿怨而友其人, 左丘明恥之, 丘亦恥之."

顔淵季路侍, 子曰："盍各言爾志?"

子路曰："願車馬, 衣輕裘, 與朋友共, 敝之而無憾."

顔淵曰："願無伐善, 無施勞."

子路曰："願聞子之志."

子曰 : "老者安之, 朋友信之, 少者懷之."

子曰 : "已矣乎! 吾未見能見其過而內自訟者也."

子曰 : "十室之邑, 必有忠信如丘者焉, 不如丘之好學也."

제6편 옹야(雍也)

■ 居簡而行簡
_{거 간 이 행 간}

몸가짐이 소탈하고 대범하게 행동하다.

*簡 ; 간단하다, 단순하다. 대쪽.

{자기 자신에 대해서도 소탈하고 다른 사람의 행동에 대해서도 소탈한 것은 바람직하지 못하다. 중궁(仲弓)이 한 말.}

■ 不遷怒 不貳過
_{불 천 노 불 이 과}

성냄을 옮기지 않고, 실수를 두 번 되풀이하지 않는다.

*遷 ; 옮기다. 怒 ; 성내다. 貳 ; 둘. 過 ; 지나다, 실수.

{아무리 성이 나더라도 가슴 속에 혼자 간직하고 그 노여움을 다른 사람, 다른 일에 옮기지 않고 잘못은 두 번 다시 되풀이하지 않는다. 젊어서 세상을 뜬 제자인 안회(顔回)를 칭찬한 공자의 말.}

■ 犁牛之子 騂且角 雖慾勿用 山川其舍諸
_{이 우 지 자 성 차 각 수 용 물 용 산 천 기 사 제}

얼룩소의 새끼가 털빛도 붉고 뿔도 나 있다면 사람이 비

록 제물로 쓰지 않으려고 한들 제사를 받는 산천이 어찌 그 것을 그냥 내버려두겠는가?

* 犁牛 ; 노란 털과 검은 털이 섞인 얼룩소. 제사에 사용하는 희생은 털빛이 순일해야 하기 때문에 얼룩소는 희생으로는 쓰지 못하고 밭을 가는 데나 썼다. 騂 ; 붉다. 주나라 때는 붉은색을 고귀한 것으로 쳤기 때문에 제사 때 붉은색 가축을 희생(犧牲)으로 썼다. 角 ; 뿔이 나다. 희생으로 쓸 수 있을 만큼 충분하게 자랐음을 뜻함. 且 ; 또. 慾 ; 욕심, 욕구. 勿 ; 말다. 舍 ; 집.

{얼룩소는 원래 제사 때 희생에는 쓰지 않는 법인데, 그 얼룩소의 새끼지만 털빛이 붉고(주나라 때에는 적색을 존중했다) 훌륭한 뿔이 나 있다면 가령 제사에 쓰고 싶지 않아도 산천의 신은 그대로 두지 않을 것이다. 훌륭한 자식이라면 어버이에 관계없이 출세할 수 있는 것이다. 아버지의 비행에 고민하고 있는 제자 중궁(仲弓)을 격려하여 공자가 한 말이다.}

■ 斯人也 而有斯疾也
　　사 인 야 　이 유 사 질 야

이런 훌륭한 사람이 이런 병에 걸리다니!

*疾 ; 병, 앓다.

{애제자 백우(伯牛)의 병을 상심하여 공자가 한 말이다. 염백우는 불행히도 문둥병에 걸려 죽었다. 공자는 의술에도 밝았다고 한다.}

■ 一簞食一瓢飮
일 단 사 일 표 음

간소한 음식. 소박한 생활.

*簞 ; 대광주리. 食(사) ; 밥, 음식. 瓢 ; 박, 표주박.

【名言】단사표음(簞食瓢飮) ; 단(簞)은 대나무로 엮어 만든 도시락을 말한다. 표(瓢)는 바가지다. 『일단사일표음』은 한 도시락밥과 한 바가지의 물이란 뜻으로, 굶지 않을 정도의 가난한 식생활을 말하는 것이다.

이 말은 공자가 안회를 칭찬한 말 가운데 나온다. 공자의 제자는 3천, 그 중에서도 고제(高弟)는 77명, 흔히 이것을 『칠십자(七十子)』라고 하는데, 이 칠십자 가운데서도 공자가 『현(賢)』이라 칭하고 『인(仁)』이라 칭하여 거의 완벽한 인격을 갖춘 인물로서 가장 신뢰하고 있던 제자가 안회였다.

"어질도다, 회여. 한 도시락밥과 한 바가지 물로 더러운 골목에 사는 것을 사람들은 그 고생을 견디지 못해 하는데, 회는 그 즐거움을 고치지 않으니 어질도다, 회여!(賢哉回也 一簞食一瓢飮 在陋巷 人不堪其憂 回也不改其樂 賢哉回也)."

■ 力不足者 中道而廢
역 부 족 자   중 도 이 폐

역량이 충분하지 못하다면 반쯤 간 다음 멈출 수도 있다.
*廢 ; 폐하다.

【名言】 중도이폐(中道而廢) ; 일을 중도에서 그만둠.

공자의 제자 염구(冉求)의 자(字)는 자유(子有)이며, 공자보다 29세 아래다. 계강자(季康子)가 공자에게, "염구는 인(仁)합니까?"라고 물으니, 공자가, "천실의 읍(千室之邑)과 백승지가(百乘之家)에서 군사(軍事)를 다스리게 할 만하지만, 인(仁)한지에 대해서는 모르겠습니다."라고 답했다. 재차 "자로(子路)는 인합니까?"라고 물으니, "염구와 다를 바가 없습니다."라고 답했다.

염구가 공자에게, "의(義)를 들었으면 바로 행해야 합니까?"라고 물으니, 공자가 "바로 행해야 한다."라고 답했다. 자로가, "의를 들었으면 바로 행해야 합니까?"라고 물으니, "부형(父兄)이 계시니 어찌 듣고서 바로 행하겠느냐?"라고 답했다.

자화(子華)가 괴이하게 여겨, "감히 여쭙겠는데, 물음이 같은데 대답이 어찌해 다릅니까?"라고 물으니, "염구는 머뭇거리는 사람인지라 진취시켜준 것이고, 자로는 남에게 이기려 들기 때문에 억제시켜준 것이다."라고 답했다.

염구가 말했다. "선생님, 저는 선생님께서 말씀하신 사상, 도리(道理)를 좋아하지 않는 것은 아닙니다만, 그것을 실천할 능력이 부족합니다."

공자가 말했다. "역량이 충분하지 못하다면 반쯤 간 다음 멈출 수도 있다(力不足者 中道而廢). 그런데 너는 지금 아예 갈 수 없다고 한계를 긋는구나."

기존의 주석가들은 대부분 중도이폐의 폐(廢)를 『그만두다』, 『멈추다』 등으로 해석하고 있다. 그래서 중도이폐는 『가던 길을 멈추다』, 『하던 일을 그만두다』의 뜻으로 이해하였다. 그래서 때로 중도이폐는 포기라는 부정적인 맥락에 쓰이는 빌미가 되었다.

그러나 정약용은 이『폐(廢)』자를, 글자 본래의 뜻이 『집이 기울어 무너지다』의 뜻이므로 사람의 경우라면 『기력이 다해 쓰러져 죽다』에 해당한다고 보았다. 그리고 다시 이런 설명을 덧붙였다. "이 말은 죽음에 이르도록 그

치지 않는다는 지극한 표현이다. 말이 측달하고 격렬하다
(此是至死不已之至言 其言惻怛激烈)."

등에 진 짐은 무겁고 갈 길은 멀다. 수많은 현실의 완고
한 걸림돌에도, 내 힘의 부침에도 계속 길을 향해 간다. 그
래서 이 길을 걷는 것은 어느 것보다 격렬하다. 이 길을 걸
어가는 것이 그 길을 걷는 기쁨을 누리는 것이지만, 길을
걷는 자에게 허락된 것은 가던 길에서 쓰러지는 것뿐이다.
그래서 이 길을 걷는 것은 아름다우면서도 비장하다. 그래
서 무언가를 추구하는 것이 기쁜 자에게 『중도이폐』는
삶의 도중의 모습이 아니라 삶의 끝에야 성취하는 모습이
다. 염구의 역량이 부족하다는 것을 게으름에 대한 핑계로
삼는 일은 오늘날에도 늘 있는 일이다.

■ 汝爲君子儒 無爲小人儒
   여 위 군 자 유   무 위 소 인 유

너는 대국을 볼 줄 아는 군자 선비가 되어야 한다.
*汝 ; 너. 儒 ; 선비, 유학.

{군자는 의(義)를 추구하고 소인(小人)은 이(利)를 추구
하므로, 군자는 학문하는 데 대의(大義)를 앞세우고, 소인
선비는 사리(私利)를 앞세우니 대의를 앞세우는 선비가 되

라는 뜻. 공자가 제자 자하(子夏)에게 한 말.}

■ 行不由徑
행 불 유 경

길을 가는데, 지름길이나 뒤안길을 취하지 않고 큰길로 간다.

*由 ; 말미암다, ～을 통하여.

【名言】행불유경(行不由徑) ; 자유(子遊)는 공자의 제자로 공문십철(孔門十哲)에 속하며, 자하(子夏)와 더불어 문학에 뛰어난 재능을 보였다. 그가 노(魯)나라에서 벼슬하여 무성(武城)의 재상으로 임명되었을 때의 일이다.

공자는 사랑하는 제자가 벼슬을 하게 되자, 일하는 모습도 볼 겸 직접 무성으로 찾아갔다. 공자는 자유에게, "일을 잘하려면 좋은 협력자가 필요하다. 네게도 아랫사람 중에 훌륭한 인물이 필요할 텐데, 그래 쓸 만한 인물이 있느냐?" 하고 물었다.

그러자 자유가, "예, 성은 담대(澹臺), 이름은 멸명(滅明)이라는 사람이 있습니다. 언제나 천하의 대도를 갈 뿐, 결코 지름길이나 뒤안길을 가지 않습니다(行不由徑)." 하고 대답했다.

공자는 기뻐하며 훌륭한 인물은 소중히 대하라며 제자를 격려했다. 『행불유경』은 행동을 공명정대하게 함을 비유하여 이르는 말로서, 임시의 편리를 탐내어 공명한 것을 버리고 임시방편으로 눈가림만 해 나가게 되면 얼마 안 가서 막히게 된다. 군자는 큰길을 택해서 간다는 뜻의 『군자대로행(君子大路行)』이란 말과 뜻이 통하는 말이다.

■ 非敢後也 馬不進也
비 감 후 야 마 부 진 야

감히 뒤에 처져 오려는 것은 아니었다. 말이 느렸다.

*敢 ; 감히, 감히 하다.

{맹지반은 공을 자랑하는 이가 아니다. 후퇴할 때는 뒤에 처져 적을 막았다. 성문에 들어갈 때는 자기 말에 채찍질하면서 뒤처지려 함이 아니라 말이 느렸다고 말하였다. 맹지반(孟之反)은 자랑하지 않는 사람이라는 것을 공자가 평해서 한 말.}

■ 誰能出不由戸
수 능 출 불 유 호

누가 문을 거치지 않고 나갈 수 있는가?

*誰 ; 누구.

{도(道)는 문(門)과 같은 것인데, 사람이 도를 행하지 않음을 한탄하는 말.}

■ 文質彬彬 然後君子

겉모양의 아름다움과 속내가 서로 잘 어울려야 군자가 된다.

*質 ; 바탕. 彬 ; 빛나다. 然後 ; 그러한 뒤.

{문(文)은 닦아서 몸에 장식한 후천적인 것이고, 질(質)은 천성적으로 실질적인 것이다. 문과 질이 조화를 이룬 연후에라야 군자라 할 수 있다. 수식(修飾)적인 면과 실질적인 면이 그 어느 쪽에 치우쳐도 군자라고 불릴 수는 없다.}

【名言】문질빈빈(文質彬彬) ; 외견(外見)이 좋고 내용이 충실하여 조화를 잘 이룬 상태를 이른다.

공자가 이르기를, "내면적인 질박(質朴)함이 외면적인 문채(文彩)를 이기면 촌스럽고, 외면적인 문채가 내면적인 질박함을 이기면 겉만 화려한 것이니 문채와 질박함이 적절히 조화를 이룬 뒤에야 군자이다(質勝文則野 文勝質則史 文質彬彬 然後君子)."

문(文)은 형식이나 외양적인 것, 질(質)은 내용이나 본바탕을 의미한다. 문과 질이 모두 적당하여 균형 있고 조화로운 상태를 『문질빈빈』이라고 한다. 사람의 기질이 온화하고 우아하면서 행동거지가 품격이 있고 예의바른 것을 형용하는 말로 쓰이기도 한다.

■ 知之者 不如好之者 好之者 不如樂之者
　 지 지 자　 불 여 호 지 자　 호 지 자　 불 여 낙 지 자

아는 사람은 좋아하는 사람만 못하고, 좋아하는 사람은 즐기는 사람만 못하다.

{그것을 아는 사람은 그것을 좋아하는 사람만은 못하다. 그것을 좋아하는 사람은 그것을 즐기는 사람만은 못하다. 여기서 그것이란 공자의 인도(仁道)를 말한다. 학문의 경지를 세 단계로 나누어 설명한 것이다. 그러나 모든 일에 있어서 다 통용될 수 있다. 정도와 수준을 말할 때, 좋고 나쁜 것을 가릴 것 없이 이 말은 그대로 적용되는 것이다.

"안다는 것은 진리가 있다는 것을 아는 것이다. 좋아한다는 것은 좋아만 했지 완전히 얻지 못한 것이다. 즐긴다는 것은 완전히 얻어서 이를 즐기는 것이다."}

■ 中人以下 不可以語上也
중 인 이 하   불 가 이 어 상 야

중등 이하의 사람에게는 높은 지식을 일러주어도 소용이 없다.

*語 ; 말, 말하다.

{사람을 가르치는 데는 배우는 사람의 정도에 따라서 조절해야 한다는 말.}

■ 務民之義 敬鬼神而遠之 可謂知矣
무 민 지 의   경 귀 신 이 원 지   가 위 지 의

백성의 도리(義)를 힘쓰고, 귀신을 공경하고 멀리하면 지(知)라 말할 수 있다.

*務 ; 일, 힘쓰다. 鬼 ; 귀신. 謂 ; 이르다.

【名言】경원(敬遠) ; 이 말은 여러 가지 의미로 쓰이고 있다. 존경은 하면서도 가까이하기를 꺼리는 그런 뜻으로도 쓰이고, 겉으로는 존경하는 체하면서 속으로는 못마땅해 하는 뜻으로도 쓰인다. 또 "그 사람은 경원해야 할 사람이야." 했을 경우, 그는 겉 다르고 속 다른 엉큼한 성격의 소유자라는 것을 암시하게 된다.

공자의 제자 번지(樊遲)가 『지(知)』란 무엇인가고 묻자, 공자는, "백성의 도리(義)를 힘쓰고, 귀신을 공경하고 멀리

하면 지(知)라 말할 수 있다(務民之義 敬鬼神而遠之 可謂知
矣).”고 대답했다.

　백성의 도리란 곧 사람의 도리를 말하는 것이다. 공자는
똑같은 물음에 대해서도 상대방에 따라 각각 다른 대답을
하는 것이 보통이었는데, 대개는 상대방의 잘못을 시정하기
위한 처방과 같은 것이었다. 『지(知)』는 지혜도 될 수 있고,
지식도 될 수 있고, 지각도 될 수 있다. 그러나 여기서는 역
시 우리말의 『앎』 즉, 옳게 알고 옳게 깨달은 참다운 앎이
란 어떤 것입니까? 하고 물은 것으로 생각된다.

　그런데 세상에는 흔히 보통 사람들이 이해할 수 있는 올
바른 지식보다는 잘 믿어지지 않는 미묘한 존재나 이치 같은
것을 앎의 대상으로 삼는 경우가 많다. 공자 당시에도 그런
폐단이 많았고, 번지 역시 그런 데 관심을 가지고 물은 질문
이었을지 모른다.

　그래서 공자는 “사람이 마땅히 해야 할 도리를 실천하는
데 힘을 기울이고 귀신의 힘을 빌려 복을 구하고 화를 물리
치는 어리석은 짓은 하지 않는 것이 아는 사람의 올바른 삶
의 자세다.” 하고 대답했던 것이다.

　어느 나라든 안정된 기반을 다지기 위해서는 반드시 정신
적인 통일이 있어야만 한다. 그래서 나라마다 국교(國敎)라

는 것을 정하게 되었다. 그러나 불교로 정신통일을 가져왔던 나라는 불교로 인해 망하고, 유교로 정신통일을 이룩한 시대는 유교로 인해 세상이 침체하게 되는 결과를 가져오곤 했다. 종교의 기반을 이루는 건전한 철학이나 사상이 차츰 그것과는 반대되는 교리나 행사로 변질되어 사람이 해야 할 도리는 하지 않고, 지나치게 신에 매달리려는 어리석은 인간으로 타락해 버리기 때문이다.

《논어》팔일편(八佾篇)에 보면, 공자는 조상의 제사를 지낼 때면 정말 조상이 앞에 있는 것처럼 했고, 조상 이외의 신에게 제사를 드릴 때는 정말 신이 있는 것처럼 했다고 했다.

그러나 공자는 감사의 제사는 드렸어도 복을 빌기 위한 제사는 드리지 않았다. 그것은 귀신을 공경하는 것이 아니라 보채는 것이 되기 때문이다. 귀신을 멀리하라는 것은 잘 되게 해달라고 빌지 말라는 것이다.

《논어》술이편에 보면, 공자가 오랫동안 병으로 누워 있자, 제자 자로(子路)가 신명에게 기도를 드리고 싶다면서 허락해 줄 것을 간청했다. 그러자 공자는, "내가 기도한 지 이미 오래다(丘之禱久矣)"라고 대답하며 이를 못하게 했다.

예수도 말했듯이, 하나님은 이미 우리가 기도하기 전에 우리가 바라는 것을 알고 계시기 때문에 새삼 중언부언 매달리는 것은 하나님을 인간이나 똑같이 대하는 불손한 행동이다. 사람의 할 일을 묵묵히 실천하면 하늘을 원망하지 않고 사람을 허물하지 않는 것이 가장 하나님을 기쁘게 하는 길인 것이다.

공자가 말한 기도한 지 오래란 뜻은, 성자의 일상생활 그 자체가 하나의 기도가 된다는 것을 말한 것이다.

■ 知者樂水 仁者樂山

지혜로운 사람은 물을 좋아하고 어진 사람은 산을 좋아한다.

【名言】지자요수인자요산(知者樂水仁者樂山) ; 공자의 말이다. 『樂』은 음악이라는 명사일 때는 『악』으로 읽고, 즐겁다는 형용사일 때에는 『낙』이라 읽고, 좋아한다는 동사일 때는 『요』라고 읽는다.

"지혜로운 사람은 물을 좋아하고, 어진 사람은 산을 좋아한다(知者樂水 仁者樂山). 지혜로운 자는 움직이고, 어진 사람은 고요하다(知者動 仁者靜). 지혜로운 이는 즐겁고, 어진 이는 수한다(知者樂 仁者壽)."

지혜로운 사람은 변화에 대해 민감한 사람이다. 만물을

변화하는 측면에서 관찰하는 것이 지자의 태도다. 마음이
어진 사람은 언제나 한 마음 그대로를 간직하고 있다. 만물
을 변하지 않는 측면에서 생각하는 것이 인자의 태도다. 물
처럼 시시각각으로 변화하는 모습을 나타내는 것은 없다.
그러므로 변화를 좋아하는 사람은 물을 좋아한다.

산처럼 언제 보아도 그 모습 그대로 보이는 것은 없다.
그러므로 변하지 않는 것을 좋아하는 사람은 산을 좋아한
다. 즉 물은 움직이고 산은 고요하다. 그것이 지자(知者)와
인자(仁者)의 대조적인 상태다. 물의 흐름은 즐겁고 산의
위치는 영원불변 그대로다. 이것이 지자와 인자의 생활태도
란 뜻이다. 공자는 냇가에 서서 탄식한 일이 있다.

"가는 것이 이 같구려. 낮과 밤은 쉬지 않는도다."

공자는 냇물의 흐름을 보고 우주의 쉬지 않는 운행을 피
부로 느꼈던 것이다. 그것이 지자가 물을 좋아하는 모습이
었으리라.

고 불 고 고 재 고 재
■觚不觚 觚哉 觚哉

고(觚)에 모서리가 없으면 고(觚)라고 하겠는가.
*觚 ; 술잔, 모서리.

{고(觚)는 제례에 쓰는 모서리가 난 그릇. 모서리가 나지 않은 그릇을 고(觚)라고 한다면 실물과 이름이 부합하지 않는다. 이렇듯 임금이 임금의 도리를 잃고서도 임금이라 한다든지, 신하가 신하 된 직분을 다하지 않고 신하라 할 수는 없다.}

■ 可欺也 不可罔也

속일 수는 있으나 우롱할 수는 없다.

*欺 ; 속이다. 罔 ; 그물, 속이다. 기망(欺罔)하다.

【故事】재아가 공자에게 물었다. "어진 사람은 비록 어떤 사람이 그에게, 『우물 속에 인(仁)이 있다.』고 해도 그 인을 찾아 우물 속으로 들어갑니까?" 그러자 공자가 말했다. "무엇 때문에 그렇겠느냐? 군자는 그로 하여금 우물까지 가게 할 수는 있어도 우물에 빠지게 할 수는 없는 것이니, 그를 속일 수는 있어도 우롱할 수는 없다."

군자를 그럴듯한 방법으로 잠시 속일 수는 있으나, 사리에 맞지 않는 방법으로 우롱할 수는 없다는 뜻이다. "군자는 사리에 맞는 방법으로 속일 수는 있지만 도리에 맞지 않는 방법으로 우롱하기는 힘들다(君子可欺以其方 難罔以非其道)"

　《맹자(孟子)》 만장(萬章) 上에 있는 이 말은 이 구절에 대한 좋은 주석이 된다.

■ ^{박 학 어 문 약 지 이 례} 博學於文 約之以禮

　글을 널리 배우고, 예로써 요약하라.

　*博 ; 넓다, 널리. 約 ; 묶다, 약속하다.

　{배움의 폭을 넓히고 그것을 예(禮), 즉 실행으로써 그 지식을 요약해 나가야 할 것이다. 예(禮)는 이(履)다. 사람이 밟고 가야 하는 행동을 이르는 말이다. 먼저 널리 배우는 것이 좋다. 그러나 박식으로 만족해서는 안 된다.}

　【名言】박문약례(博文約禮) ; "지식은 넓게 가지고 행동은 예의에 맞게 하라."는 공자의 말에서, 널리 학문을 닦고 사리를 깨달아 예절을 잘 지킴을 이르는 말이다.

　공자가 말했다.

　"군자는 글을 널리 배우되 예로써 그것을 조이고 단속해야 한다. 그래야 비로소 도에 어긋나지 않을 것이다(君子博學於文 約之以禮 亦可以弗畔矣夫)."

　이 말은, 지식은 넓을수록 좋지만, 그것이 단지 지식으로만 그치고 행위와는 무관하게 되지 않기를 경계한 것이다. 이때의 예는 도덕적 행위규범을 말한다. 공자는 넓은 지식의 추구와 예의에 맞는 행동을 아울러 강조하였다. 즉, 학문과 지식을 폭넓게 습득하되, 일관된 도리로 통괄하고, 동시에 예의범절에 맞게 행동해야 그 학식이 나라에 유익하게 쓰인다는 것이다.

한편, 자한(子罕)편에는, 공자를 칭송한 안회의 말에, "공부자께서는 사람을 친근하게도 잘 이끄시어 문으로써 나의 지식을 넓혀주셨고, 예로써 나의 행동을 요약하게 해주셨다(夫子 循循然善誘人 博我以文 約我以禮)"라고 한 말이 있는데, 주석에 따르면 "학문을 먼저 가르치고 예로써 요약하게 하여 주는 것"이 공자의 교육 순서라고 한다.

오늘날 일부 몰지각한 지식층이 자신의 지식을 악용하여 저지르는 비행은 때때로 엄청난 사회적 물의를 빚는 경우가 많다. 학문을 널리 습득하되, 사회적 책무에 비추어 어긋나지 않게 행동해야 한다는 공자의 가르침이 새삼 부각되는 까닭이 여기에 있다.

현대사회에서 공자의 가르침은 결코 고리타분한 탁상공론이 아니라 살아있는 사회규범으로 손색이 없는 것이다. 『박문약례』는 현대사회를 관통하는 훌륭한 행동양식이라 할 수 있다.

■ 부 인 자　기 욕 입 이 입 인　기 욕 달 이 달 인
夫仁者　己欲立而立人　己欲達而達人

자기가 나서고 싶으면 먼저 남을 내세워 주고, 자기가 달성하고자 하면 남부터 달성하게 한다.

*夫 ; 발어사 대저. 達 ; 통달하다, 미치다. 夫仁者 ; 대체로 어진 사람은.

【故事】자공이 물었다. "널리 백성에게 은혜를 베풀고 민중을 어려움으로부터 구제해줄 수 있는 사람이 있다면 이 사람은 어질다고 하겠습니까?" 공자가 말했다. "어찌 어질다 뿐이겠느냐? 가히 성스럽다고 하겠다. 요임금과 순임금도 오히려 그렇게 하기는 힘들었을 것이다. 어진 사람은 자신이 나서고 싶은 자리가 있으면 다른 사람을 그 자리에 내세우고 자신이 가고 싶은 곳이 있으면 다른 사람을 그곳에 보낸다. 가까운 것을 통하여 깨달음을 얻을 수 있다면 그것이 바로 인의 경지에 이르는 방법이라고 할 수 있다(夫仁者 己欲立而立人 己欲達而達人 能近取譬 可謂仁之方也已)."

雍也篇 第六

子曰: "雍也可使南面." 仲弓問子桑伯. 子曰: "可也簡." 仲弓曰: "居敬而行簡, 以臨其民, 不亦可乎? 居簡而行簡, 無乃太簡乎?" 子曰: "雍之言然."

哀公問: "弟子孰爲好學?" 孔子對曰: "有顏回者好學, 不遷怒, 不貳過, 不幸短命死矣! 今也則亡, 未聞好學者也."

子華使於齊, 冉子爲其母請粟. 子曰: "與之釜." 請益. 曰: "與之庾." 冉子於其粟五秉, 子曰: "赤之適齊也, 乘肥馬, 衣輕裘. 吾聞之也, 君子周急不繼富." 原思爲之宰, 與之粟九百, 辭. 子曰: "毋以與爾鄰里鄉黨乎?"

子謂仲弓曰: "犁牛之子騂且角, 雖欲勿用, 山川其舍諸?"

子曰: "回也其心三月不違仁, 其餘則日月至焉而已矣."

季康子問: "仲由可使從政也與?" 子曰: "由也果, 於從政乎何有!" 曰: "賜也可使從政也與?" 曰: "賜也達, 於從政乎何有!" 曰: "求也可使從政也與?" 曰: "求也藝, 於從政乎何有!"

季氏使閔子騫爲費宰. 閔子騫曰: "善爲我辭焉. 如有復我者, 則吾必在汶上矣."

伯牛有疾, 子問之, 自牖執其手, 曰: "命矣夫! 斯人也, 而有斯疾也! 斯人也, 而有斯疾也!"

子曰："賢哉回也! 一簞食, 一瓢飲, 在陋巷, 人不堪其憂, 回也不改其樂. 賢哉回也!"

冉求曰："非不說子之道, 力不足也." 子曰："力不足者, 中道而廢. 今汝畫."

子謂子夏曰："汝爲君子儒, 無爲小人儒."

子遊爲武城宰. 子曰："汝得人焉爾乎?"曰："有澹台明滅者, 行不由徑, 非公事, 未嘗至於偃之室也."

子曰："孟之反不伐. 奔而殿, 將入門, 策其馬, 曰：'非敢後也, 馬不進也.'"

子曰："不有祝鮀之佞, 而有宋朝之美, 難乎免於今之世矣."

子曰："誰能出不由戶, 何莫由斯道也!"

子曰："質勝文則野, 文勝質則史, 文質彬彬, 然後君子."

子曰："人之生也直, 罔之生也, 幸而免."

子曰："知之者不如好之者, 好之者不如樂之者."

子曰："中人以上, 可以語上也, 中人以下, 不可以語上也."

樊遲問知. 子曰："務民之義, 敬鬼神而遠之, 可謂知矣."
問仁. 子曰："先難而後獲, 可謂仁矣."

子曰："知者樂水, 仁者樂山；知者動, 仁者靜；知者樂,仁者壽."

子曰 : "齊一變, 至於魯, 魯一變, 至於道."

子曰 : "觚不觚, 觚哉觚哉!"

宰我問曰 : "仁者雖告之曰, 井有仁焉, 其從之也." 子曰 : "何爲其然也. 君子可逝也, 不可陷也, 可欺也, 不可罔也."

子曰 : "君子博學於文, 約之以禮, 亦可以弗畔矣夫."

子見南子, 子路不說. 夫子矢之曰 : "予所否者, 天厭之, 天厭之!"

子曰 : "中庸之爲德也, 其至矣乎! 民鮮久矣."

子貢曰 : "如有博施於民, 而能濟衆, 何如? 可謂仁乎?" 子曰 : "何事於仁, 必也聖乎! 堯舜其猶病諸! 夫仁者己欲立而立人, 己欲達而達人. 能近取譬, 可謂仁之方也已."

제7편 술이(述而)

■ 述而不作 信而好古
<small>술 이 부 작　신 이 호 고</small>

전해 말하고 새것을 만들지 않으며, 믿어 옛것을 좋아한다.

*述 ; 짓다, 말하다. 作 ; 짓다, 일어나다.

【名言】술이부작(述而不作) ; 공자는 말하기를, "전해 말하고 새것을 만들지 않으며, 믿어 옛것을 좋아하는 것을, 가만히 우리 노팽(老彭)에게 비교해 본다(述而不作 信而好古 竊比於我老彭)."고 했다.

여기 나오는 노팽이란 사람은 은(殷)나라의 어진 대신이라고 하는데, 『술이부작』이란 말도 어디까지나 자신을 겸손하게 낮추어 한 말이었는데, 그것을 다시 노팽이란 사람에게 비교해 본다는 것은 남을 배운다는 똑같은 겸손한 태도에서 나온 말이다.

술(述)은 저술(著述)이란 뜻이고, 작(作)은 창작(創作)이란 뜻이다. 저술은 예부터 내려오는 사상과 문화를 바탕으로 이것을 다시 정리하거나 서술하는 것을 말하고, 창작은 지금까지 일찍이 없었던 새로운 사상과 학설을 처음으로 만들어내는 것을 말한다.

사실상 공자가 이 같은 말을 한 것은 창작을 부정하려는 뜻에서가 아니다. 옛것을 제대로 음미도 못한 채, 옛것의 테두리를 벗어나지도 못한 것을 마치 자기가 새로 창안해 낸 것 같은 착각에 빠져 있는 그런 젊은 후배들을 깨우쳐주기 위해 한 말일 것이다.

『온고지신(溫故知新)』이란 공자의 말만 보더라도 알 수 있다. 옛것을 완전히 내 것을 만듦으로써 새로운 것을 알게 되는 것이 『온고지신』인 것이다. 거기까지 미치지 않은 사람은 남의 스승이 될 수 없다고 공자는 덧붙여 말하고 있는 것이다. 참다운 창작은 억지로 되는 것이 아니다. 옛것과 남의 것을 거름으로 해서 자연히 피어난 꽃과 맺어진 열매가 창작인 것이다.

■ 默而識之 學而不厭 誨人不倦
<small>묵 이 지 지   학 이 불 염   회 인 불 권</small>

말로 하지는 않지만 알고 있으며, 배움에 싫증을 내지 않고, 가르침에 권태를 느끼지 않는다.

*默 ; 묵묵하다. 識 ; 알다, 판별하다. 厭 ; 싫다. 誨 ; 가르치다. 倦 ; 게으르다.

{말로 하지 않아도 알아줄 것은 다 알고 통한다. 알고 있는 것을 곧 입으로 내는 것 같은 경박한 일은 하지 않는다. 오히려 마음속에 간직하고 인식을 깊게 할 일이다.

떠벌이지 않고 묵묵하게 자신이 배운 것을 마음속에 새겨두고서 삶을 성찰하며 자신을 발전시켜 나간다. 조금 배웠다고 잘난 척하는 것이 아니라, 겸손한 자세로 생활한다. 벼가 익을수록 고개를 숙이는 이치와 같은 것이다.}

■ 申申如也 夭夭如也
    신 신 여 야   요 요 여 야

느긋한 듯도 하고 아름다운 듯도 하다.

*申申 ; 느긋하고 푸근한 모양. 夭夭 ; 평화롭고 즐거운 모양.

{한가하게 즐거워 보인다. 마음을 턱 놓은 모습이 아름다운 복숭아꽃처럼 요요한 모습이다. 공자가 집에 한거할 때의 모습을 제자들이 한 말.}

■ 擧一隅 不以三隅反 則不復也
    거 일 우   불 이 삼 우 반   즉 불 복 야

한 귀퉁이를 들어 가르쳐 주었는데도 나머지 세 귀퉁이를 미루어 알지 못하면 되풀이하지 않는다.

*擧 ; 들다. 隅 ; 모퉁이. 復 ; 돌아오다, 되풀이하다.

{알려고 하지 않는 자에게는 두 번 다시 가르칠 필요가 없다. 아무리 가르쳐도 소용이 없는 일이다.}

【名言】거일반삼(擧一反三) ; 원래는 한 귀퉁이를 가리키면 나머지 세 귀퉁이도 미루어 헤아릴 수 있다는 뜻으로, 한 가지를 가르치면 세 가지를 알 수 있을 정도로 영리하거나 지혜가 있음을 비유할 때 쓰는 말이다.

공자가 말했다. "분발하지 않으면 열어 가르쳐주지 않고, 표현하고자 하나 제대로 표현하지 못해 더듬거릴 정도에 이르지 않으면 일으켜 주지 않는다. 한 귀퉁이를 들어 가르쳐 주었는데도 나머지 세 귀퉁이를 미루어 알지 못하면 되풀이 하지 않는다(擧一隅 不以隅三反 則不復也)."

이 글은 공자의 교육방법을 제시한 것이라 할 수 있다. 공자는 학문을 좋아하여 마음속으로부터 분발하여 의욕을 나타내는 제자들에게 그 다음 단계를 열어서 보여주며, 하나라도 알고 싶어 애태우는 제자에게 해답을 가르쳐주고, 하나를 들어주어 세 가지를 이해할 만큼 무르익을 때까지는 또 다른 것을 가르쳐주지 않았다.

이러한 공자의 교육 방법은 지식의 일방적인 전달을 배제하고 제자들의 참여를 유도하는 것이다. 공자의 제자 가운데 안회(顔回)가 있었는데 특히 학문에 뛰어났다. 공자는 스스로 재주를 자부하고 있는 자공이 안회를 어떻게 보고 있는지가 궁금하기도 했다. 자공은 서슴지 않고 이렇게 대답했다.

"사(賜 : 자공의 이름)가 어찌 감히 회(안회)를 바랄 수 있습니까. 회는 하나를 들으면 열을 알고, 사는 하나를 들으면 둘을 알 뿐입니다(賜也何敢望回 回也聞一以知十 賜也聞一以知二)."

안회는 하나를 들으면 열을 안다고 해서 "문일지십(聞一知十)"이라는 칭송을 자공으로부터 들었다.

포 호 빙 하　사 이 무 회 자　오 불 여 야
暴虎馮河 死而無悔者 吾不與也

맨손으로 범을 잡으려 하고, 맨발로 황하를 건너려다 죽어도 후회함이 없는 자와는 함께하지 않을 것이다.

*馮 ; 타다, 오르다.『빙』으로 읽는다. 悔 ; 뉘우치다.

【名言】포호빙하(暴虎馮河) ; 공자가 안회를 크게 칭찬하자 자로(子路)가 옆에 있다가, "선생님께서 삼군(三軍)을 움직여 전쟁을 하게 되면 누구와 함께 하시겠습니까?" 하고 물었다. 안회만을 칭찬하는 것이 속으로 불만이었던 것이다. 용기와 결단성이 있기로 알려진 자로는 전쟁만은 자

기만큼 해낼 사람이 없다고 자부하고 있었던 것이다. 그러나 공자는 자로의 그 같은 경솔한 태도를 항상 꾸짖어 오곤했다. 이번에도 역시 공자는 이렇게 말했다.

"맨손으로 범을 잡고, 헤엄쳐 황하를 건너 죽어도 후회가 없는 사람을 나는 함께 하지 않는다. 반드시 일을 하는데 있어서 두려운 생각을 갖고 꾀를 쓰기를 좋아하여 일을 성공시키는 사람과 함께 할 것이다(暴虎馮河 死而無悔者 吾不與也 必也臨事而懼 好謀而成者也)."

이렇게 모든 일은 용기만으로 되는 것이 아니고, 용기 이전에 신중한 검토와 그에 대한 대책이 앞서야 한다는 것을 타일렀다. 『포호빙하』와 『호모이성(好謀而成)』은 좋은 대조가 되는 말이다. 자로는 결국 『포호빙하』하는 성질로 인해 뒷날 자진 난(亂)에 뛰어들어 죽고 만다.

■ 부이가구야 수집편지사 오역위지
富而可求也 雖執鞭之士 吾亦爲之

재부(財富)를 구해서 얻어질 수가 있는 것이라면 가령 말채찍을 잡는 천한 노력인들 나는 할 것이지만, 사람에게는 제각기 천명이 있어 바란다고 해서 되는 것이 아니다. 차라리 내가 좋아하는 것을 추구할 것이다.

*雖 ; 비록. 執 ; 잡다. 鞭 ; 채찍.

■ 聞韶三月 不知肉味
<small>문 소 삼 월 부 지 육 미</small>

소(韶)를 배우기를 석 달, 음식의 맛을 잊었다.

*韶 ; 순임금의 음악.

{공자는 덕으로 천하를 다스린 순(舜)임금을 찬양한 음악 소(韶)를 배우기를 석 달. 그 아름다움에 취해서 음식의 맛을 잊을 정도로 도취해 있었다. 공자의 제자들이 한 말.}

■ 求仁而得仁 又何怨
<small>구 인 이 득 인 우 하 원</small>

인을 구해서 인을 얻었는데, 또 무엇을 원망하겠는가?

{백이(伯夷)와 숙제(叔齋) 형제는 수양산에 들어가서 굶어 죽었다. 그러나 모두 인(仁)의 도(道)를 구해서 仁을 얻은 것인데, 인간으로서 후회하는 일은 없었을 것이다. 무엇을 원망하겠는가?}

【名言】구인득인(求仁得仁) ; "인을 구하여 인을 얻었다." 는 뜻으로, 자신이 원하는 것을 얻었음을 이르는 말이다.

백이(伯夷)와 숙제(叔齊)는 고죽군(孤竹君)의 아들이었다. 고죽군은 세상을 떠나면서 큰아들 백이보다는 숙제가 더 통

치능력이 있다고 여겨 왕위를 숙제에게 물려준다는 유언을
남기고 죽었다. 그러나 숙제는 형이 장남으로서 왕위를 물려
받는 것이 당연하다고 하면서 이를 거절했고, 백이 역시 아
버지의 유언을 어길 수 없다며 동생이 왕위를 계승할 것을
주장하였다.

끝내 해결이 안 되자 백이는 아무도 모르게 고죽군을 떠
나 은둔하고 말았다. 동생인 숙제 역시 형이 자취를 감춘
것을 알고는 몸을 숨겨 나라를 떠나버렸다. 그러자 고죽군
의 대신들은 할 수 없이 셋째를 왕으로 추대해서 임금으로
섬겼다.

이렇게 조국을 떠나 각자 생활하던 두 사람은 서백후 희
창(姬昌 : 주나라 문왕)이 노인을 공경하는 덕망 있는 사람
이라는 소문을 듣고 마치 약속이나 한 듯이 그를 찾아갔다.
그러나 그들이 도착했을 때는 문왕은 이미 세상을 떠나고
그의 아들인 무왕(武王)이 문왕의 뒤를 이어 왕위에 올라
있었다. 그는 선왕의 유언에 따라 상(商)나라의 주(紂)를 토
벌하여 학정에 시달리는 백성들을 구하러 갈 참이었다.

이 소문을 들은 백이와 숙제는 부친이 돌아가신 뒤 아직
장례도 치르지 않은 채 무기를 들고 전쟁을 하러 나가는 것
은 자식 된 도리가 아니라고 여겼다. 더구나 아직 주왕은

천자로서 그 권위가 있었는데, 천자를 공격한다는 것은 신하로서 마땅한 도리가 아니라고 판단하고 막 진군하려는 무왕의 말고삐를 잡고 만류하였다. 그러나 무왕은 오랜 동안 계획한 대업을 이제 와서 중단할 수 없다며 오히려 가로막는 그들을 죽이려고 하였다. 그러자 옆에 있던 강태공(姜太公)이 그들이 의로운 사람이라는 것을 알고 무왕을 막아서 간신히 목숨만은 건져 석방될 수 있었다.

무왕은 그 길로 출정해서 상나라를 멸망시켜 버렸다. 장기간 주왕의 폭정에 시달리던 백성들은 가뭄에 단비를 만난 듯 기뻐하며 주나라 무왕에게 귀의하였다.

그러나 백이와 숙제는 무왕의 행동이 옳지 못하다고 여겨 그를 섬기기를 거부하였고, 또 주나라 땅에서 나는 음식은 먹지 않겠다면서 수양산(首陽山)으로 들어가 고사리를 캐먹고 살았다. 그러자 어떤 사람들이 그들을 비웃으면서 말했다.

「주나라의 음식을 먹지 않겠다고 하면서 그들이 먹는 고사리는 주나라 영토에서 나는 것이 아니란 말인가?」

결국 이 두 사람은 수양산에서 굶어 죽었는데, 나중에 공자는 《논어》 술이편에서 이 두 사람을 이렇게 평가하였다.

「백이와 숙제는 다른 사람의 나쁜 점을 염두에 두지 않고 자기가 인을 구하고자 해서 인을 얻었으니 무슨 여한이 있겠는가?(求仁而得仁 又何怨)」

이 말에서 유래하여 공자가 말한 「구인득인」은 지조와 절개로 의리를 지키다 죽은 사람을 칭송하는 말로 쓰이게 되었다.

■ 飯疏食 飲水 曲肱而枕之 樂亦在其中矣
반 소 사　음 수　곡 굉 이 침 지　낙 역 재 기 중 의

不義而富且貴 於我如浮雲
불 의 이 부 차 귀　어 아 여 부 운

(공자가 이르기를) 거친 음식을 먹고 물마시고 팔을 베고 누웠어도 즐거움이 또한 그 가운데 살아도 즐거움은 그 안에 있다. 의롭지 않게 부자가 되고, 또 귀하게 되는 일은 나에게서는 모두 뜬구름과 같다.

*疏食(소사) ; 변변치 못한 음식. 疏는 채소라는 소(蔬)로도 통할 수 있다. 肱 ; 팔뚝. 枕 ; 베개.

【名言】부귀여부운(富貴如浮雲) ; "부(富)나 귀(貴)는 뜬구름과 같다." 부귀는 한갓 덧없는 인생이나 세상과 같다.

"나물밥(疏食소사) 먹고 맹물 마시며 팔 베고 자도 즐거움이 또한 그 속에 있다. 옳지 못한 부나 귀는 내게 있어서 뜬구름과 같다."

소사(疏食)는 거친 밥을 말한다. 그러나 소(疏)는 채소라는 소(蔬)로도 통할 수 있다. 그래서 그런지 우리나라 노랫가락 속에도 이런 것이 있다. "나물 먹고 물마시고 팔 베고 누웠으니, 대장부 살림살이 이만하면 족하구나."

아무튼 진리와 학문을 즐기며 가난을 잊고 자연을 사랑하는 초연한 심정이 약간 낭만적으로 표현된 멋있는 구절이라 아니할 수 없다. 다만 주의할 일은 불의(不義)라는 두 글자가 붙어 있는 점이다. 세상을 건지고 도를 전하려면 역시 비용이 필요하고 권세가 필요하다. 그러나 그것은 어디까지나 정당한 방법으로 얻어진 것이 아니면 안 된다. 단순히 부만을 위한 부나, 귀만을 위한 귀는 올바르게 살려는 사람에게는 아무런 의미도 없다. 그야말로 떠가는 구름과 같은 것이다.

불의라는 두 글자 속에는, 공자의 세상을 차마 버리지 못하는 구세(救世)의 안타까움이 깃들어 있다.

사실 "부귀여부운"이란 단순한 말 가운데는 세상과는 전연 관련이 없는 은자(隱者)의 심정 같은 것이 풍기고 있다.

■ 發憤忘食 樂以忘憂 不知老之將至雲爾

(학문을 너무 좋아해서) 발분하면 먹는 것도 잊고, 학문

을 즐김에 걱정도 잊으며, 늙음이 닥쳐오는 데에도 그런 것을 알지 못하는 사람이다.

*發憤 ; 분발(奮發). 忘 ; 잊다. 將 ; 장차. 至 ; 이르다.

【名言】발분망식(發憤忘食) ; 어느 날, 초(楚)나라 섭현(葉縣)의 장관 심저량(沈諸梁)이 공자의 제자 자로에게, "당신 스승은 도대체 어떤 인물인가?"라고 물었다. 자로는 심저량의 질문에 스승의 인품이 보통사람과는 다른 탁월한 인물이기 때문에 어떻게 대답해야 할지 얼핏 말이 떠오르지 않아 결국 대답하지 못했다.

그 뒤 공자가 이 얘기를 듣고는 자로에게 이르기를, "왜 『학문에 발분하면 끼니도 잊고 도를 즐기며, 근심과 걱정을 잊으며, 늙음이 닥쳐오는 데에도 그런 것을 알지 못하는 사람이다(發憤忘食 樂以忘憂 不知老之將至).』라고 대답하지 않았느냐."라고 하였다.

발분망식은 끼니를 잊을 정도로 학문에 몰두하는 것을 뜻하는데, 한 가지 일에 온 정신이 쏠려 있다는 뜻이기도 하다.

我非生而知之者 好古 敏以求之者也

나는 나면서부터 알고 있는 사람은 아니고, 옛 것을 좋아하여 재빨리 그것을 알아내기에 힘쓰는 사람이다.

{공자는 『생이지지』의 성인으로 추앙을 받는다. 그럼에도 그가 이렇게 말한 것은, 학문의 완성은 자질만으로 되는 것이 아니라, 부지런히 배움으로써 이루어진다는 것을 강조하기 위함에서이다.}

【名言】 생이지지(生而知之) ; 나면서부터 안다는 것이 『생이지지』다. 곧 태어나면서부터 배우지 않고도 스스로 깨우쳐 안다는 성인(聖人)의 경지를 일컫는 말이다.

공자가 말했다. "나는 나면서부터 안 사람이 아니라, 옛것을 좋아하여 부지런히 그것을 구한 사람이다(我非生而知之者 好古 敏以求之者也)." 공자는 『생이지지』의 성인으로 추앙받는다. 그럼에도 그가 이렇게 말한 것은, 학문의 완성은 자질만으로 되는 것이 아니라 부지런히 배움으로써 이루어진다는 것을 강조하기 위함에서이다.

삼 인 행 필 유 아 사 언
■ 三人行 必有我師焉

세 사람이 함께 길을 가면 그 중 반드시 나의 스승이 있다.

*師 ; 스승.

{세 사람이 같이 길을 가거나 혹은 행동을 함께 하면 거기에는 반드시 내가 배울 만한 사람이 있다. 그들의 선한 점을 골라서 그것에 따르고, 선하지 않은 점을 골라서 내 자신을 바로잡는다. 어디라도 자신이 본받을 만한 것은 있다는 말이다.}

【名言】삼인행필유아사(三人行必有我師) ; "세 사람이 같이 길을 걸어가면 반드시 내 스승이 있다. 좋은 것은 본받고 나쁜 것은 살펴 스스로 고쳐야 한다(三人行必有我師焉 擇其善者而從之 其不善者而改之)."

『삼인행필유아사』는 좋은 것은 좇고 나쁜 것은 고치니, 좋은 것도 나의 스승이 될 수 있고, 나쁜 것도 나의 스승이 될 수 있다는 뜻으로, 어디라도 자신이 본받을 만한 것이 있다는 말이다.

공자의 다음 글을 보더라도 공자 자신도 나면서부터 아는 사람이 아니라고 하였다.

"내가 나면서부터 저절로 도를 아는 것이 아니라, 옛 것을 좋아하여 부지런히 찾아 배워 알게 되었을 뿐이다(我非生而知之者 好古敏以求之者也)."

이 말은 어디를 갈 때만이 아니라 행동할 때도 반드시 나의 스승이 있다는 뜻이며, 하찮은 것에서도 배울 것이 있다는 뜻도 포함되어 있다.

이인편에, "착한 것을 보면 같기를 생각하고, 착하지 못한 것을 보면 안으로 스스로 살핀다(見賢思齊焉 見不賢而內自省也)"고 한 말이 바로 이 말의 바탕이 되는 말이다.

남의 착한 행실은 따를 만하고, 남의 악한 행실은 반면교사(反面教師)로 삼을 일이다. 『타산지석(他山之石)』이라는 말도 이와 비슷한 말이다.

또, 송(宋)나라 선향(善卿)이 엮은 《조정사원(祖庭事苑)》이란 책에 『공자천주(孔子穿珠)』라는 말이 있는데, 이는 공자가 실에 구슬 꿰는 방법을 몰라 바느질하는 아낙네에게 물어 개미허리에 실을 매고 구슬 구멍 반대편에 꿀을 발라 개미가 꿀 냄새를 맡고 바늘을 통과해 구슬을 꿰었다는 이야기인데, 자기보다 못한 사람에게 묻는 것을 부끄럽게 여기지 않는다는 뜻으로, 누구라도 스승이 될 수 있다는 좋은 예이다.

天生德於予 桓魋其如予何
천 생 덕 어 여　환 퇴 기 여 여 하

사마 환퇴(司馬桓魋)가 내 목숨을 빼앗으려 하지만, 하늘이 나에게 덕(德)을 부여하였는데, 환퇴가 나를 어쩌겠느냐?

*桓魋 ; 춘추시대 송나라의 대부. 성은 상(向).

{공자가 송(宋)나라에 갔을 때 제자들과 큰 나무 밑에서 예(禮)를 실습하고 있었는데 사마환퇴라는 자가 공자를 죽이려고 나무를 뽑아버렸다. 제자들이 빨리 떠나기를 권하자, 공자가 한 말이다.}

■ 是丘也

이것이 곧 나 구(丘 ; 공자)다.

*丘 ; 언덕, 공자의 이름.

{너희들은 내가 감추고 나타내지 않고 있는 일이 있다고 생각할 것이나, 나는 감추고 나타내지 않는 일은 없다. 나는 무슨 일이건 너희들에게 보여주지 않은 것이라고는 없으니, 너희들이 알고 있는 평소의 나, 그것이 나(丘)라는 존재의 전부이다.}

■ 子以四教 ; 文、行、忠、信

공자께서는 네 가지를 가르치셨으니 경전과 덕행과 충성과 신의가 그것이다.

{공자는   문화지식(文)・사회실천(行)・충성(忠)・신의(信), 이 네 가지로 가르쳤다. 공자의 네 가지 교육사상을 이르는 말이다.}

■ 釣而不綱 _{조이불강} 弋不射宿 _{익불사숙}

낚시질은 하되 그물질은 하지 않으며, 주살질은 하되 잠자는 새는 쏘지 않는다.

*釣 ; 낚시. 綱 벼리(그물질). 弋 ; 주살.

【名言】조이불강(釣而不綱) ; “공자는 낚시질은 해도 그물은 치지 않았다. 주살질을 해도 자는 새를 쏘지는 않았다(子釣而不綱 弋不射宿).”고 했다. 공자 자신이 그렇게 하라든가 한다든가 하는 말이 아니고, 제자들이 공자의 지난 일을 듣고 기록한 것이므로 이것은 어디까지나 공자의 개인적인 생활 태도라고 볼 수 있다. 공자가 젊어서 가난하게 지냈기 때문에 제사에 쓸 고기와 손님을 대접하기 위해 때로는 고기를 잡는 일이 있었지만, 낚시로 필요한 양만 잡을 뿐, 많은 고기를 잡기 위해 그물을 치는 일은 없었다는 것이다.

후세 사람들은 이 점을 들어, 성인의 짐승에 대한 사랑의 표현이라고 말하고 있다. 그물질을 하면 어린 고기까지 다 잡게 되므로 차마 그러지를 못했고, 편안히 잠든 새를 쏘지 않는 것은 평화롭게 자는 것을 차마 놀라 깨우고 싶지 않은 마음 때문이었을 것으로 본다.

강(綱)은 굵은 줄에 그물을 달아 냇물을 가로질러 고기를 잡는 것이라고 주석을 하기도 하고, 혹은 『주낙』을 말한다고도 한다. 또 『조이불강』을 『조이불망(釣而不網)』이라고도 하는데, 오히려 알기가 쉽다. 익(弋)은 주살로, 화살에 명주실을 매어 쏘는 것을 말하고 사(射)는 쏜다는 뜻이다. 살생을 하지 않는 것이 좋겠지만, 부득이한 경우라도 그것을 아끼는 마음과 택하는 마음이 필요할 것 같다. 이른바 마구잡이로 씨를 말리는 그런 행위는 도의적인 문제를 떠나 앞날을 생각지 않는 하루살이 생활과도 같은 지각없는 행동이 아닐 수 없다.

■ 與其進也 不如其退也
여 기 진 야   불 여 기 퇴 야

그 찾아옴을 인정할 뿐이요, 물러간 뒤에 잘못하는 것을 인정하는 것이 아니다.

*與 ; 허용하다.

{나는 그 사람의 과거는 묻지 않는다. 현재가 중요한 것이다. 바른 길을 행하고자 한다면 그것을 허락하고, 물러가서 바르지 않는 길로 행하고자 한다면 결코 그것을 허락지 않을 것이다. 함께 이야기하기 어려운 호향(互鄕)에 사는 아이가 공자를 만나러 오자 제자들이 당황해서 공자에게 물었을 때 공자가 한 말. 호향은 춘추시대 선하지 못한 사람들이 살았던 마을로 사람들은 이 지역 출신들과 만나기를 꺼렸다.}

■ 我欲仁 斯仁至矣
　아　욕인　　사　인지　의

내가 인(仁)을 하고자 하면 바로 仁의 경지에 도달하게 된다.

{仁하고 싶다고 바라는 그 순간부터 仁은 그 사람 것이 된다. 길은 멀리 있지 않고 가까운 곳에 있는 것이다.}

■ 丘也幸 苟有過 人必知之
　구　야행　구유과　인필지지

나(丘, 공자)는 행복하다. 만일 내게 과오가 있다 하여도 남이 반드시 지적해 준다. 다행한 일이 아니겠는가.

【故事】 진나라 사패(司敗 ; 형벌을 맡은 관리)가 물었다.

"(노나라 임금) 소공(昭公)은 예를 아는 사람입니까?" 공자가 대답했다. "예를 아는 사람이다." 공자가 물러가자, 사패가 (공자의 제자) 무마기(巫馬期)에게 물었다. "내가 듣기로는 군자는 누구의 편도 들지 않는다던데, 군자도 역시 편당적(偏黨的)입니까? 임금께서는 오나라에서 동성(同姓)인 부인을 취하고서는 그 부인을 오맹자(吳孟子)라 부르게 됐습니다. 이러한 임금이 예를 안다고 하면 누군들 예를 모르겠습니까?" 무마기가 그 말을 공자에게 고하니 공자가 말했다. "나는 참 행복한 사람이다. 진실로 허물이 있으면 남이 반드시 알고 바로잡아 주는구나!"

■ 丘之禱久矣
구 지 도 구 의

나는 기도를 드린 지 오래되었다.

*禱 ; 빌다.

【故事】 공자는 조상의 제사를 지낼 때면 정말 조상이 앞에 있는 것처럼 했고, 조상 이외의 신에게 제사를 드릴 때는 정말 신이 있는 것처럼 했다고 했다. 그러나 공자는 감사의 제사는 드렸어도 복을 빌기 위한 제사는 드리지 않았다. 그것은 귀신을 공경하는 것이 아니라 보채는 것이 되기

때문이다. 귀신을 멀리하라는 것은 잘 되게 해달라고 빌지 말라는 것이다.

공자가 오랫동안 병으로 누워 있자, 제자 자로(子路)가 신명에게 기도를 드리겠다면서 허락해 줄 것을 간청했다. 그러자 공자는, "내가 기도한 지 이미 오래다(丘之禱久矣)."라고 대답하며 이를 못하게 했다.

예수도 말했듯이, 하나님은 이미 우리가 기도하기 전에 우리가 바라는 것을 알고 계시기 때문에 새삼 중언부언 매달리는 것은 하나님을 인간이나 똑같이 대하는 불손한 행동이다. 사람의 할 일을 묵묵히 실천하면 하늘을 원망하지 않고 사람을 허물하지 않는 것이 가장 하나님을 기쁘게 하는 길인 것이다. 공자가 말한 기도한 지 오래란 뜻은, 성자의 일상생활 그 자체가 하나의 기도가 된다는 것을 말한 것이다.

■ 與其不遜也 寧固
여 기 불 손 야   영 고

거만하기보다는 차라리 고루한 것이 낫다.

*遜 ; 겸손. 固 ; 단단하다, 고루하다.

{사람은 사치하면 순종하지 않게 되고, 검약하면 고루하게 된다. 순종하지 않는 것보다는 차라리 고루한 것이 낫

다.}

■ <ruby>君<rt>군</rt></ruby><ruby>子<rt>자</rt></ruby><ruby>坦<rt>탄</rt></ruby><ruby>蕩<rt>탕</rt></ruby><ruby>蕩<rt>탕</rt></ruby> <ruby>小<rt>소</rt></ruby><ruby>人<rt>인</rt></ruby><ruby>長<rt>장</rt></ruby><ruby>戚<rt>척</rt></ruby><ruby>戚<rt>척</rt></ruby>

군자는 언제나 평탄하고, 소인은 항상 근심에 차 있다.

*坦 ; 평탄하다, (마음이) 동요가 없고 평온하다. 蕩蕩 ; 넓고 광대한 모양. 戚戚 ; 근심하는 모양.

{군자는 마음이 평온하고 너그러우며 소인은 마음이 항상 근심으로 조마조마하다. 공자의 말이다.}

■ <ruby>溫<rt>온</rt></ruby><ruby>而<rt>이</rt></ruby><ruby>厲<rt>려</rt></ruby> <ruby>威<rt>위</rt></ruby><ruby>而<rt>이</rt></ruby><ruby>不<rt>불</rt></ruby><ruby>猛<rt>맹</rt></ruby> <ruby>恭<rt>공</rt></ruby><ruby>而<rt>이</rt></ruby><ruby>安<rt>안</rt></ruby>

온후(溫厚)하면서 엄하고, 위엄은 있으나 사납지 않으며, 공손하면서 편안하다.

*厲 ; 힘쓰다. 威 ; 위엄. 猛 ; 사납다. 恭而安 ; 공손하면서도 (다른 사람이 대하기가) 편안하다.

{공자께서는 온화하면서도 엄숙하시고, 위엄이 있으면서도 사납지 않으시고, 공손하면서도 대하기에 편안하셨다. 제자들이 공자를 평해서 한 말이다. 지나치게 공손하면 오히려 대하기가 어려운 법인데 공자는 그렇지 않고 편안하게 대할 수 있었다는 말이다.}

述而篇 第七

子曰 : "述而不作, 信而好古, 竊比我於老彭."

子曰 : "默而識之, 學而不厭, 誨人不倦, 何有於我哉!"

子曰 : "德之不修, 學之不講, 聞義不能徙, 不善不能改, 是吾憂也."

子之燕居, 申申如也, 夭夭如也.

子曰 : "甚矣, 吾衰也久矣! 吾不復夢見周公."

子曰 : "志於道, 據於德, 依於仁, 遊於藝."

子曰 : "自行束修以上, 吾未嘗無誨焉."

子曰 : "不憤不啟, 不悱不發, 舉一隅, 不以三隅反, 則不復也."

子食於有喪者之側, 未嘗飽也. 子於是日哭, 則不歌.

子謂顏淵曰 : "用之則行, 舍之則藏, 唯我與爾有是夫."

子路曰 : "子行三軍, 則誰與?"

子曰 : "暴虎馮河, 死而無悔者, 吾不與也. 必也臨事而懼, 好謀而成者也."

子曰 : "富而可求也, 雖執鞭之士, 吾亦爲之, 如不可求, 從吾所好."

子之所慎：齊, 戰, 疾.

子在齊聞韶, 三月不知肉味. 曰：“不圖爲樂之至於斯也.”

冉有曰：“夫子爲衛君乎?”

子貢曰：“諾, 吾將問之.”入曰：“伯夷叔齊, 何人也?”
曰：“古之賢人也.”曰：“怨乎?”曰：“求仁而得仁, 又
何怨?”出曰：“夫子不爲也.”

子曰：“飯疏食, 飮水, 曲肱而枕之, 樂亦在其中矣. 不義
而富且貴, 於我如浮雲.”

子曰：“加我數年, 五十以學易, 可以無大過矣.”

子所雅言：詩、書、執禮, 皆雅言也.

葉公問孔子於子路, 子路不對. 子曰：“汝奚不曰：其爲
人也, 發憤忘食, 樂以忘憂, 不知老之將至雲爾.”

子曰：“我非生而知之者, 好古, 敏以求之者也.”

子不語：怪、力、亂、神.

子曰：“三人行, 必有我師焉, 擇其善者而從之, 其不善者
而改之.”

子曰：“天生德於予, 桓魋其如予何?”

子曰：“二三子, 以我爲隱乎? 吾無隱乎爾, 吾無行而不與
二三子者, 是丘也.”

子以四教：文、行、忠、信.

子曰 : "聖人, 吾不得而見之矣, 得見君子者斯可矣."

子曰 : "善人, 吾不得而見之矣, 得見有恒者, 斯可矣. 亡而爲有, 虛而爲盈, 約而爲泰, 難乎有恒矣."

子釣而不綱, 弋不射宿.

子曰 : "蓋有不知而作之者, 我無是也. 多聞則其善者而從之, 多見而識之, 知之次也."

互鄕難與言, 童子見, 門人惑.

子曰 : "與其進也, 不與其退也. 唯何甚. 人潔己以進, 與其潔也, 不保其往也."

子曰 : "仁遠乎哉? 我欲仁, 斯仁至矣."

陳司敗問 : "昭公知禮乎?"

孔子曰 : "知禮." 孔子退, 揖巫馬期而進之, 曰 : "吾聞君子不黨, 君子亦黨乎? 君取於吳爲同姓, 謂之吳孟子. 君而知禮, 孰不知禮?" 巫馬期以告. 子曰 : "丘也幸. 苟有過, 人必知之."

子與人歌而善, 必使反之, 而後和之.

子曰 : "文, 莫吾猶人也? 躬行君子, 則吾未之有得."

子曰 : "若聖與仁, 則吾豈敢. 抑爲之不厭, 誨人不倦, 則可謂雲爾已矣." 公西華曰 : "正唯弟子不能學也."

子疾病, 子路請禱. 子曰 : "有諸?" 子路對曰 : "有之.

誄曰：禱爾於上下神祇."

子曰："丘之禱久矣."

子曰："奢則不孫, 儉則固. 與其不遜也, 寧固."

子曰："君子坦蕩蕩, 小人長戚戚."

子溫而厲, 威而不猛, 恭而安.

제8편 태백(泰伯)

■ 民無得而稱焉

　지극한 덕(德)을 지닌 사람은 자기의 덕을 드러내지 않는다. 사람들은 그 덕을 들어 칭찬할 기회를 갖지 못한다. 공자가 태백(泰伯)을 칭찬한 말.

　*稱 ; 일컫다, 칭찬하다.

■ 恭而無禮則勞　愼而無禮則思　勇而無禮則亂

　공손함이 지나쳐서 예의를 벗어나면 수고스러워지고, 조심스러움이 지나쳐서 예의를 벗어나면 두려워지며, 용맹스러움이 지나쳐서 예의를 벗어나면 난폭해진다. 공자의 말.

　*恭 ; 공손하다, 삼가다. 愼 ; 삼가다, 조심하다. 勇 ; 날쌔다. 亂 ; 어지럽다. 반역.

■ 君子篤於親則民興於仁

　군자가 가까운 이들에게 후하게 대해 주면 그 덕에 감화되어 백성들 사이에 인자한 기풍이 일어난다.

*篤 ; 도탑다. 親 ; 친하다, 가까이하다.

{윗자리에서 다스리는 사람이 친척에게 돈독하면 백성들 사이에 어진 기풍이 흥성하고, 옛날 친구를 버리지 않으면 백성들이 각박해지지 않는다.}

■ 啓予足 啓予手
계 여 족   계 여 수

내 발을 보라. 내 손을 보라.

*啓 ; 보다.

{한 군데도 상처 난 흉터가 없다. 죽음이 임박한 것을 안 병상의 공자의 제자 증자가 그의 문하 제자를 불러(召門弟子) 준 최후의 교훈. 효도의 가장 큰 것은 어버이에게 받은 몸을 상하지 않고 잘 보존하는 것이 효의 첫째 요건이라는 말.}

■ 鳥之將死 其鳴也哀 人之將死 其言也善
조 지 장 사   기 명 야 애   인 지 장 사   기 언 야 선

새가 장차 죽으려 할 때는 그 소리가 애처롭고, 사람이 장차 죽으려 할 때는 그 말이 착하다.

*鳴 ; 울다.

【名言】 인지장사기언야선(人之將死其言也善) ; 전략은 활

용하는 것이 중함. 《논어》에 있는 증자(曾子)의 말이다.

증자가 오래 병으로 누워 있을 때 노나라 대부 맹경자(孟敬子)가 문병을 왔다. 그러자 증자는 그에게 이런 말을 했다.

"새가 장차 죽으려면 그 울음소리가 슬프고, 사람이 장차 죽으려면 그 말이 착한 법이다(鳥之將死 其鳴也哀 人之將死 其言也善). 군자로서 지켜야 할 도(道)에는 세 가지가 있습니다. 몸을 움직임에는 사납고 거만함을 멀리하고, 얼굴빛을 바르게 함에는 믿음직하게 하고, 말을 함에는 비루하고 어긋남을 멀리할 것이니, 그 밖에 제사를 차리는 것 같은 소소한 일은 유사가 있어야 할 것입니다."

증자가 한 이 말은, 증자가 새로 만들어 낸 말이 아니고 예부터 전해 내려오는 말이었을 것이다. 즉 죽을 임시에 하는 내 말이니 착한 말로알고 깊이 명심해서 실천하라고 한 것이다.

평소에 악한 사람도 죽을 임시에서는 착한 마음으로 돌아와 착한 말을 하게 되는 것이 보통이다. 자기가 죽는다는 것을 의식하지 않고도 어떤 영감이 떠오르게 되는 것이다.

이것을 두고 주자(朱子)는 다음과 같이 해석하였다.

"새는 죽기를 두려워하기 때문에 우는 것이 슬프고, 사람은 마치면 근본에 돌아가기 때문에 착한 것을 말한다. 이

것은 증자의 겸손한 말씀이니, 맹경자에게 그 말한 바가 착
한 것임을 알게 하여 기억하도록 함이다."

■ 動容貌 斯遠暴慢矣
동 용 모　사 원 폭 만 의

용모와 행동거지에 있어서는 난폭하거나 교만한 티를 없
애야 한다.

*貌 ; 얼굴. 暴 ; 사납다. 慢 ; 게으르다, 오만하다.

{그렇게 한다면 난폭한 자나 교만한 자도 나에게 가까이
올 수가 있게 된다. 증자(曾子)가 군자가 도를 실천하는 데
있어 세 가지를 들어 말한 것.}

■ 正顔色 斯近信矣
정 안 색　사 근 신 의

얼굴빛을 바르게 하는 데는 신의가 엿보여야 한다.

*顔 ; 얼굴.

{마음은 얼굴에 나타나는 것이다. 얼굴을 바르게 하는 것
으로서 신의의 사람, 성실한 사람에게 가까이할 수가 있는
것이고, 거짓인 사람은 멀리 떠나게 되고 진실한 사람이 내
게 가까이 오게 된다. 증자의 말.}

■ 出辭氣 斯遠鄙倍矣
　출 사 기　사 원 비 배 의

　말을 입 밖에 내는 데는 비루하고 사리에 어긋나는 일이
없어야 한다. 그렇게 하면 야비하고 비도(非道)한 자는 스
스로 멀리 갈 것이다. 증자가 한 말.

　*辭 ; 말. 氣 ; 기운. 鄙 ; 비루하다, 저속하다.

■ 邊豆之事 則有司存
　변 두 지 사　즉 유 사 존

　위에 있는 자는 제례에 쓰는 과실을 담는 그릇 같은 것에
는 마음을 쓸 필요가 없다.

　*邊 ; 제기(祭器).

　{그런 소소한 일은 그것을 담당하는 소임을 맡은 자가 있
다. 별도로 해야 할 큰 일이 있을 것이다. 증자(曾子)가 한
말. 변(邊)은 제사·향연 때 쓰는 그릇 이름으로 과실, 건육
을 담는 대로 만든 그릇.}

　【故事】증자가 병이 나자 노(魯)나라의 대부 맹경자(孟
敬子)가 문병을 갔다. 증자가 맹경자에게 말했다.

　"새는 장차 죽으려 할 때 그 울음소리가 슬프고, 사람이
장차 죽으려 할 때는 그 말이 착합니다. 군자가 소중히 여
겨야 할 도는 세 가지가 있습니다. 행동거지에 있어서는 난

폭하거나 오만함을 멀리하여야 하고, 낯빛을 바르게 지녀 민음에 가까워지도록 해야 하고, 말투에 있어 비루하고 사리에 어긋남을 멀리하여야 합니다. 제기를 다루는 일 같은 것은 맡아보는 사람이 있습니다(鳥之將死 其鳴也哀 人之將死 其言也善 君子所貴乎道者三 動容貌 斯遠暴慢矣 正顔色 斯近信矣 出辭氣 斯遠鄙倍矣 籩豆之事 則有司存)."

맹경자는 맹무백(孟武伯)의 아들인데, 정치가로서, 그는 모든 일들을 상세히 알아서 맡아 하려 했다고 한다. 이를 우려해서 증자가 조언하고 충고한 것이다.

증자는 군자가 되려는 이의 지켜야 할 자세 등을 강조하고, 제사그릇 챙기는 일까지는 나서지 말아야 할 것을 이야기한다. 그것은 유사(有司), 즉 따로 맡아 하는 이에게 맡겨야 한다는 뜻이다.

이 말을 하기 위해 그는 "새가 장차 죽으려 할 때는 그 소리가 애처롭고, 사람이 장차 죽으려 할 때는 그 말이 착하다(鳥之將死 其鳴也哀 人之將死 其言也善)."라며 아주 조심스럽게 서두를 꺼내고 있다. 곧 "나는 이미 다 살아서 죽으려 하니 내 말은 그를 것이 없을 것이다. 그러니 이를 잘 새겨들어라." 하는 뜻이다.

以能問於不能 以多問於寡
이 능 문 어 불 능　이 다 문 어 과

유능하지만 나보다 유능하지 못한 사람에게 묻고, (견문과 학식이) 많지만 나보다 적은 사람에게 물어라.

*多·寡는 학식의 많고 적음을 가리킨다.

{자기를 넓히고 깊게 하기 위해서는 그만한 마음가짐과 노력이 필요하다. 안자(顔子)를 평한 증자(曾子)의 말.}

有若無 實若虛 犯而不校
유 약 무　실 약 허　범 이 불 교

있어도 없는 듯, 충만해도 허한 듯, 모욕을 당해도 맞받아 다투지 않는다.

*虛 ; 비다, 없다. 犯 ; 범하다, 해치다.

【名言】유약무실약허(有若無實若虛) ; 증자가 죽은 안자(顔子)의 옛 모습을 회상하며 한 말 가운데 나오는 말이다.

"능한 것으로 능하지 못한 것에 묻고, 많은 것으로 적은 것에 묻고, 있어도 없는 것 같고, 차도 빈 것 같으며, 남이 모욕해도 맞받아 다투지 않는다(以能問於不能 以多問於寡 有若無 實若虛 犯而不校). 상대가 나를 침범해 와도 그것을 탓하지 않는 것을 옛날 내 친구가 이렇게 했었다."

여기에는 옛날 내 친구라고만 나와 있지만, 이것은 공자

보다 먼저 죽은 안자를 가리켜 말한 것이 틀림없다. 뒷사람
들은 여기 나와 있는 것들이 모두 무아(無我)의 경지에 이
른 성인이 아니고서는 도저히 될 수 없는 일이므로, 그것은
안자가 틀림없다는 데 의견의 일치를 보고 있다.

안자는, 그가 만일 공자만큼 오래 살았으면 공자 이상의
위대한 업적을 남겼으리라는 평들을 하고 있다. 그러기에
그가 죽었을 때 공자는, "하늘이 나를 망쳤다, 하늘이 나를
망쳤다(天喪予 天喪予)." 하고 통곡을 금치 못했다. 그러자
제자들이, "선생님, 너무 슬퍼하십니다." 하고 위로를 하
자, "내가 너무 슬퍼하느냐? 내가 이 사람을 슬퍼하지 않고
누구를 슬퍼하겠느냐."

공자도 자기가 못다한 일을 안자가 해주리라 믿고 있었
다. 하늘이 나를 망쳤다는 것은 그것을 의미한 말이었을 것
이다.

■ 可以託六尺之孤
가 이 탁 육 척 지 고

키가 여섯 자밖에 안 되는 어린 임금을 맡길 수 있다.
*託 ; 맡기다. 孤 ; 외롭다, 고아.

{키가 여섯 자밖에 안 되는 어린 임금을 맡길 수 있고, 사
방 백 리 되는 나라의 운명을 맡길 수 있으며, 생사와 존망

이 걸린 중대한 일에 임하여 아무도 그의 마음을 빼앗을 수
없을 만큼 굳건한 사람이라면, 이 사람은 군자다운 사람이
겠지(可以寄百里之命 臨大節而不可奪也 君子人與? 君子人
也). 六尺은 시대에 따라 조금씩 차이가 있는데, 당시의 여
섯 자는 대략 138cm에 상당한다. 孤(고)는 아버지를 여읜
어린아이. 여기서는 어릴 때 아버지를 여의고 왕위에 오른
사람, 즉 어린 임금을 가리킨다.}

■ 臨大節而不可奪也
임 대 절 이 불 가 탈 야

생명의 위협을 당하는 중대한 비상사태에 임해서도 동요하
는 일이 없고 그의 뜻을 빼앗을 수는 없는 의연한 데가 있다.
그런 사람이 참으로 군자다운 사람이다. 증자(曾子)가 한 말.

*臨 ; 임하다, 군림하다. 節 ; 마디, 절개. 奪 ; 빼앗다.

■ 士不可以不弘毅 任重而道遠
사 불 가 이 불 홍 의 임 중 이 도 원

선비가 마음이 너그럽고 굳세지 않으면 안되는 것은 길
은 멀고 짐이 무겁기 때문이다.

*弘 ; 넓다. 毅 ; 굳세다. 任重而道遠 ; 등에 진 물건은 무겁
고, 길은 멀다, 곧 큰일을 맡아 책임이 무거움을 이르는 말.

■ ^{인 이 위 기 임} ^{불 역 중 호} ^{사 이 후 이} ^{불 역 원 호}
仁以爲己任 不亦重乎! 死而後已 不亦遠乎?

인을 자기의 맡은 소임으로 하니 역시 무겁지 않겠는가!
죽은 다음에야 그만둘 터이니, 역시 멀지 않겠는가?

*死而後已 ; 죽은 뒤에야 일을 그만둔다는 뜻으로, 살아
있는 한 그만두지 않는다는 말.

【故事】효성이 지극하고 노(魯)나라에서 후학 양성에 주
력한 증자(曾子)는 선비 본연의 참모습을 이렇게 말했다.

"선비는 인(仁)을 자기의 본연의 임무로 삼아야 하는데,
이것이 어찌 무겁지 않겠는가. 죽은 뒤에야 끝나는 일이니
(死而後已) 머나먼 길이다(士不可以不弘毅 任重而道遠 仁以
爲己任 不亦重乎 死而後已 不亦遠乎)."

■ ^{흥 어 시} ^{입 어 례} ^{성 어 악}
興於詩 立於禮 成於樂

흥은 시(詩)에서 비롯되어, 예도(禮道)에 의하여 제 자리
를 잡아가고 음악(音樂)에 의해서 마침내 완성된다.

{시(詩 ;《시경》)에서 흥기하고 예(禮 ;《예기》)에서 서
게(立) 되며, 악(樂)에서 이룩하게(成) 된다.}

■ 民可使由之 不可使知之
<small>민 가 사 유 지　불 가 사 지 지</small>

　백성은 잘 이끌어서 당연한 이치에 따라서 행하도록 할
수는 있으나, 그 이치를 다 이해시킬 수는 없다.

■ 三年學 不至於穀 不易得
<small>삼 년 학　부 지 어 곡　불 이 득</small>

　3년 동안 배우고도 녹봉을 구하려 하지 않는 사람을 얻
기는 쉽지 않다.

　*穀 ; 녹미(祿米 ; 녹봉으로 받는 쌀). 易 ; 쉽다, 바꾸다.

　{삼 년 동안 학문에 종사하고서도 녹을 타 먹을 생각을
하지 않는 것은 학문을 소중히 여기고 벼슬을 경시하는 태
도라 하겠다. 사람들은 대개 학문보다는 수입에 더 마음을
쓴다.}

■ 危邦不入 亂邦不居
<small>위 방 불 입　난 방 불 거</small>

　위험한 나라에는 들어가지 않고, 어지러운 나라에는 살
지 않는다.

　*邦 ; 나라.

　【名言】위방불입(危邦不入) ; "위태로운 나라에는 들어

가지 않는다." 라는 뜻으로, 멸망할 나라에는 들어가지 않
으며, 정치와 풍속이 어지러운 나라에는 머무르지 않음을
이르는 말이다. 또 부끄러운 곳에 가지 않는다는 뜻도 있다.

공자가 말했다. "독실하게 믿으면서 배우기를 좋아하
며, 죽음으로 도를 지키면서 도를 잘 행한다. 위험한 나라에
는 들어가지 않고 어지러운 나라에는 살지 않는다(危邦不
入 亂邦不居). 천하가 태평하면 나와서 일하고 천하가 태평
하지 않으면 숨는다. 나라가 태평하면 가난하고 천한 것이
부끄럽고, 나라가 태평하지 않은데 부유하고 귀하면 이것
역시 부끄러운 노릇이다."

군자는 위태로움을 보면 목숨을 바치는지라, 위태로운
나라에서 벼슬하고 있는 사람은 떠날 수 있는 명분이 없지
만, 나라 바깥에 있을 경우 들어가지 않아도 된다.

혼란한 나라는 아직 위태로워지지는 않았지만, 제도와
기강이 문란해진 상태이기 때문에, 선비는 깨끗한 처신을
위해 떠나는 것이다. 천하는 온 세상을 들어 말한 것이다.
도가 없으면 그 몸을 숨겨 드러나지 않는다. 이는 오직 독
실하게 믿어 배움을 좋아하고 죽음으로써 지켜 도를 찬미
하는 사람이라야 가능하다. 태평성세에 행할 만한 도가 없
고, 난세에 지킬 만한 절개가 없다면 변변찮은 평범한 사람

으로, 선비라 하기에는 족하지 않으니 심히 부끄러워할 만하다.

■ 有道則見 無道則隱
유 도 즉 현 　무 도 즉 은

도가 확립된 사회라면 나타나고, 도가 없는 사회라면 은신한다.

*隱 ; 숨다, 숨기다.

{道가 행해지는 사회라면 나와서 활동하겠지만, 도가 없는 사회라면 오히려 숨어서 사는 것만 못하다. 인생을 살면서 나아가고(進) 물러남(退), 나타나고(見) 숨는(隱) 것은 중요한 선택이다. 진퇴와 현은(見隱)의 선택을 잘못하면 패가망신을 할 수도 있고, 인생에 오점을 남길 수도 있다. 세상에 道가 있으면 나아가 나의 꿈과 능력을 발휘하지만, 세상이 혼란하여 道가 없는 때라면 조용히 뒤로 물러나 때를 기다리는 것도 세상의 변화를 읽어내는 군자들의 처신이다.}

■ 邦有道 貧且賤焉 恥也 邦無道 富且貴焉 恥也
방 유 도 　빈 차 천 언 　치 야 　방 무 도 　부 차 귀 언 　치 야

나라에 도가 있을 때 가난하고 천한 것은 부끄러운 일이며, 나라에 도가 없을 때 부하고 귀한 것 또한 부끄러운 일

이다.

*貧 ; 가난하다. 賤 ; 천하다.

■ 不在其位 不謀其政
부 재 기 위 불 모 기 정

그 지위에 있지 않으면 그 지위의 정사를 논하지 말라.

*謀 ; 꾀하다. 政 ; 정사, 다스리다.

{사회나 조직에는 일정한 질서가 있다. 자기가 소속해 있는 위치 이외의 일에 대해서는 이것저것 간섭을 해서 질서를 문란하게 해서는 안 된다.}

■ 學如不及 猶恐失地
학 여 불 급 유 공 실 지

학문은 앞서가는 사람을 좇아가는 자세로 하고, 좇다가 방심하면 놓칠까 걱정하는 마음으로 하라.

*猶恐失之 ; 오히려 그것을 잃어버릴까 두려워하다.

{배우는 것이 마치 힘이 미치지 않는 듯하다. 늘 부족하다는 마음을 가지고 열심히 배우고, 그러고도 그것을 잃어버릴까 두려워한다.}

泰伯篇 第八

子曰：“泰伯, 其可謂至德也已矣. 三以天下讓, 民無得而稱焉.”

子曰：“恭而無禮則勞, 慎而無禮則思, 勇而無禮則亂, 直而無禮則絞. 君子篤於親, 則民興於仁, 故舊不遺, 則民不偸.”

曾子有疾, 召門弟子曰：“啓予足, 啓予手. 詩雲：'戰戰兢兢, 如臨深淵, 如履薄冰.'而今而後, 吾知免夫小子.”

曾子有疾, 孟敬子問之, 曾子言曰：“鳥之將死, 其鳴也哀, 人之將死, 其言也善. 君子所貴乎道者三：動容貌, 斯遠暴慢矣；正顔色, 斯近信矣；出辭氣, 斯遠鄙倍矣. 籩豆之事, 則有司存.”

曾子曰：“以能問於不能, 以多問於寡, 有若無, 實若虛, 犯而不校, 昔者吾友, 嘗從事於斯矣!”

曾子曰：“可以托六尺之孤, 可以寄百裏之命, 臨大節而不可奪也, 君子人與? 君子人也.”

曾子曰：“士不可以不弘毅, 任重而道遠. 仁以爲己任, 不亦重乎? 死而後已, 不亦遠乎?”

子曰：“興於詩, 立於禮, 成於樂.”

子曰：“民可使由之, 不可使知之.”

子曰 : "好勇疾貧, 亂也. 人而不仁, 疾之已甚, 亂也."

子曰 : "如有周公之才之美, 使驕且吝, 其餘不足觀也已."

子曰 : "三年學, 不至於穀, 不易得也."

子曰 : "篤信好學, 守死善道. 危邦不入, 亂邦不居, 天下有道則見, 無道則隱. 邦有道, 貧且賤焉, 恥也. 邦無道, 富且貴焉, 恥也."

子曰 : "不在其位, 不謀其政."

子曰 : "師摯之始, 關雎之亂, 洋洋乎盈耳哉!"

子曰 : "狂而不直, 侗而不愿, 悾悾而不信, 吾不知之矣."

子曰 : "學如不及, 猶恐失之."

子曰 : "巍巍乎, 舜禹之有天下也, 而不與焉."

子曰 : "大哉, 堯之爲君也. 巍巍乎, 唯天爲大, 唯堯則之. 蕩蕩乎, 民無能名焉. 巍巍乎, 其有成功也. 煥乎, 其有文章."

舜有臣五人而天下治. 武王曰 : "予有亂臣十人." 孔子曰 : "才難, 不其然乎? 唐虞之際, 於斯爲盛, 有婦人焉, 九人而已. 三分天下有其二, 以服事殷, 周之德, 其可謂至德也已夫!"

子曰 : "禹, 吾無間然矣. 菲飮食而致孝乎鬼神, 惡衣服而致美乎黻冕, 卑宮室而盡力乎溝洫. 禹, 吾無間然矣!"

제9편 자한(子罕)

■ 毋意 毋必 毋固 毋我
<small>무 의　무 필　무 고　무 아</small>

마음대로 생각하지 말고, 반드시 이렇게 해야 한다고 하
지 말며, 내 주장을 고집하지 말고, 내가 아니면 안된다고
하지 말라.

　*毋 ; 말 무.

{공자가 하지 않은 일이 네 가지 있었다. 무슨 일이든 확
실하지 않은데도 지레짐작으로 단정을 내리는 의(意), 자기
언행에 있어 반드시 틀림없다고 단정내리는 필(必), 자기의
의견만 옳다고 고집하는 고(固), 매사를 자기만을 위한 이
기적인 아(我)이다.}

■ 匡人其如予何
<small>광 인 기 여 여 하</small>

광 지방 사람들이 나를 어찌할 수 있겠는가?

　*匡 ; 바루다.

{운명에 대한 자신감이나 맡은 사명에 대한 떳떳한 신념
을 표현할 때 쓰는 말이다.}

【名言】 광인기여여하(匡人其如予何) ; 공자가 광(匡)이라

는 지방을 지나가다가 봉변을 당한 적이 있었다. 전에 광 지방 사람들은 양호(陽虎)라는 관리로부터 가혹한 통치를 받은 적이 있는데, 우연찮게 공자가 그와 외모가 비슷했기 때문이었다. 원수를 자기 손으로 때려잡겠다며 광 지방 사람들은 공자를 찾아다녔다.

일이 이쯤 되자 공자의 제자들도 덜컥 겁이 났다. 힘으로 맞서 이길 수 있는 상대가 아니었기 때문이었다. 그러나 공자는 조용히 자세를 가다듬으며 제자들을 향해 말했다.

"걱정들 하지 마라. 문왕께서는 이미 세상을 떠나셨으니 문화의 핵심은 모두 나에게 있는 셈이다. 하늘이 이 문화를 장차 없애고자 했다면 미래에 죽을 사람들이 이 문화를 얻지 못하게 될 것이다. 하늘이 장차 이 문화를 없애지 않을 것이라면 저 광 사람들이 나를 어찌할 수 있겠느냐(子畏於匡 曰 文王旣沒 文不在玆乎 天之將喪斯文也 後死者 不得與於斯文也 天之未喪斯文也 匡人其如予何)!"

여기서 사문(斯文)은 이 문화, 즉 문왕이 이룩해 놓은 문화를 말한다. 이렇게 공자는 자신에게 주어진 역사적 임무에 대해서 무거운 책임감을 느끼며 살았다. 그가 "책임은 막중한데 갈 길은 멀기만 하구나(任重而道遠)."(태백편)라며 탄식 아닌 탄식을 했던 심정도 이해할 수 있을 듯하다.

송(宋)나라의 환퇴(桓魋)로부터 생명의 위협을 느낄 때에도, "하늘이 내게 덕을 낳게 하셨거늘 환퇴가 나를 어떻게 하겠느냐?"(술이편)라며 끝까지 진리에 대한 믿음을 버리지 않았던 공자의 꿋꿋한 자세가 엿보인다.

■ 吾不試 故藝
오 불 시 고 예

나는 등용되지 않았기 때문에 예(藝)에 능해졌다.

*試 ; 임용하다. 藝 ; 심다, 기예.

{나는 젊어서 등용되지 않았기 때문에 여가가 많아서 재주가 많아지게 되었다.}

■ 鳳鳥不至 河不出圖
봉 조 부 지   하 불 출 도

봉황새도 날아오지 않고 황하에서 그림도 나오지 않으니 나는 끝났구나!

*鳳鳥 ; 봉황새. 圖 ; 그림, 꾀하다.

{봉황은 순임금 때 날아온 적이 있고, 문왕 때 기산(岐山)에서 울었다고 전하는 신령스러운 새로서 태평성대의 상징이다. 또한 복희(伏羲) 때 황하에서 용마(龍馬)가 8괘(卦)가 그려진 그림을 등에 지고 나와 이를 하도(河圖)라고 하는

데, 하도는 성왕(聖王)의 출현을 상징한다.

난세(亂世)여서 봉황새도 날아오지 않고, 황하에서 그림
도 나오지 않으니, 그러한 상서(祥瑞)가 나타나지 않는다고
공자가 탄식한 말.}

■ 沽之哉 沽之哉 我待價者也
　　고 지 재　고 지 재　아 대 가 자 야

팔아야 하고말고, 팔아야 하고말고! 나는 값을 쳐 줄 사
람을 기다리는 것이다.

　*沽 ; 팔다. 賈 ; 값, 장사.

　{공자의 제자 자공(子貢)이 이제 아름다운 옥(玉)이 여기
에 있다면, 궤 속에 넣어 감춰둘 것인지, 값을 아는 사람을
찾아서 팔 것인지를 물은 데 대해 공자가 답한 말이다. 공
자는 자기의 재능을 아껴서 벼슬길에 나가지 않는 것이 아
니고, 자기의 가치를 인정하고 필요로 하는 사람이 오기를
기다리고 있다고 말했다.}

■ 君子居之 何陋之有
　　군 자 거 지　하 루 지 유

어떤 곳이라도 군자가 살고 있으면 누추한 곳은 없다.
　*陋 ; 누추하다.

　{공자는 동쪽의 여러 종족이 사는 곳에 살기를 원했다.

어떤 사람이 "동쪽은 누추할 텐데 어떻게 하시렵니까?" 하고 물은 데 답한 말이다.}

■ <ruby>子在川上曰<rt>자 재 천 상 왈</rt></ruby> <ruby>逝者如斯夫<rt>서 자 여 사 부</rt></ruby> <ruby>不舍晝夜<rt>불 사 주 야</rt></ruby>

공자가 냇가에 서서 말했다. "지나가는 모든 것은 이(흐르는 물)와 같구나. 밤낮없이 멈추지 않고 흘러가는구나."

*逝 ; 가다, 뜨다.

【名言】 주야장천(晝夜長川) ; 밤낮으로 쉬지 않고 연달아 흐르는 시내라는 뜻으로, 쉴 새 없이 흐르는 시냇물처럼 『늘』 또는 『언제나』 라는 말이다.

공자가 물가에서 흐르는 물을 보며 말했다. "밤낮으로 머물지 않고 흘러가는구나(逝者如斯夫 不舍晝夜)."

여기서 『서(逝)』는 『과거로 사라져 버린다』는 뜻을 내포하고 있다. 단순히 『가다』가 아니라 『과거로 지나가 버리고, 지금은 없음』 의미한다.

훗날 학자들은 이 내용을, "흐르는 물처럼 세월이 덧없다"는 뜻으로 해석하기도 하고, "밤낮없이 쉬지 않는 물처럼 부지런해야 한다"로 해석하기도 한다. 《논어》 앞뒤 문맥을 보면 한탄하는 내용일 수 있다. 하지만 샘물을 보고 성실함을 역설한 맹자의 한 구절을 보면 성실을 강조한 내용일 수도 있다.

맹자는 샘이 깊은 물이 밤낮으로 흘러, 웅덩이를 만나도 그치지 아니하고 웅덩이를 가득 채우고 바다로 흘러가듯이 근본이 있는 것은 이렇다며, 학문을 비롯한 매사에 성실해야 한다는 것을 강조하였다.

이 내용을 보면 자연, 특히 물의 흐름을 보고 성실함을 본받으려는 마음을 알 수 있다. 그래서, "밤낮으로 머물지 않고 흘러간다(逝者如斯夫 不舍晝夜)"라는 공자의 말은, 세월이 덧없다는 뜻도 있겠지만, 자연에서 성실함을 본받으려는 뜻도 가능한 것이다. 이런 맥락에서 『주야장천』 즉 『밤낮없이 흐르는 물』이란 표현이 많이 사용되었고, 요즘은 끊임없다는 뜻으로 주로 쓰인다. 물 흐르는 것 하나를 보아도 심오한 철학이 있는 성현의 통찰력이 놀랍다.

■ 吾未見好德如好色者也
(오 미 견 호 덕 여 호 색 자 야)

나는 아직 덕을 여색처럼 좋아하는 자를 보지 못했다.

{공자는 당시 사람들이 색만 밝히고 인색했던 그 시대적 경향을 질책한 것이다.}

譬如爲山 未成一簣止 吾止也
<small>비 여 위 산　미 성 일 궤 지　오 지 야</small>

譬如平地 雖覆一簣進 吾往也
<small>비 여 평 지　수 복 일 궤 진　오 왕 야</small>

비유하건대, 산을 쌓아 올리는데 한 삼태기의 흙이 모자라서 그만두었어도, 내가 스스로 그만둔 것이고, 비유하건대, 땅을 메우는데 한 삼태기의 흙을 부어 일을 진척시켰어도, 내가 스스로 진척시킨 것이다.

*譬 ; 비유하다. 簣 ; 삼태기. 覆 ; 뒤집히다.

【名言】미성일궤(未成一簣) ; 산을 만들 때에 마지막 한 삼태기를 덜 얹어 산이 이루어지지 못한다는 뜻으로, 마지막 노력을 소홀히 하면 일이 실패함을 이르는 말이다.

《서경》여오편에도 『공휴일궤(功虧一簣)』라는 말이 나오는데, "공이 한 삼태기로 허물어졌다."는 말로서, "아홉 길 산을 쌓는 데 한 삼태기의 흙이 모자라 공이 한꺼번에 무너진다(九仞功虧一簣)." 곧 조금만 더 하면 목적을 이룰 수 있는데, 한 삼태기가 부족해서 헛된 일이 되었다는 말이다.

그런데 아홉 길 산이 한 삼태기 흙으로 못 쓰게 된다는 비유는 적절하지 못하다는 평도 있다. 그것에 비해 맹자가 말한 아홉 길 우물의 비유는 훨씬 실감을 준다 하겠다.

《맹자》진심편 상(盡心篇上)에서 맹자는 이렇게 말하고

있다. "어떤 일을 하는 것은, 비유하면 우물을 파는 것과
같다. 우물을 아홉 길을 파 들어가다가 샘에까지 이르지 못
하고 그만두면 그것은 우물을 버린 것과 같다."

한 삼태기의 흙만 더 파내면 샘이 솟아나게 되어 있다 하
더라도, 거기까지 계속해 파내려가지 못하고 도중에 그만두
어 버리면 아홉 길을 파 내려간 지금까지의 노력을 포기한
거나 다름이 없으니, 그야말로 『공휴일궤』가 아닐 수 없
다. 무슨 일이든 끝을 내지 못하면 아무 소용이 없는 것이다.

■ 苗而不秀者有矣夫　秀而不實者有矣夫
　묘 이 불 수 자 유 의 부　수 이 불 실 자 유 의 부

싹이 트고서도 패지 못하는 것이 있고, 패도 열매를 맺지
못하는 것이 있다.

*苗 ; 모. 秀 ; 빼어나다.

{열 살에 신동이라 불리던 사람도 서른 살에 범인(凡人)
으로 끝나는 자도 있다.}

■ 後生可畏　焉知來者之不如今也
　후 생 가 외　언 지 래 자 지 불 여 금 야

四十五十而無聞焉　斯亦不足畏也已
사 십 오 십 이 무 문 언　사 역 부 족 외 야 이

뒤에 난 사람이 가히 두렵다. 어찌 앞으로 오는 사람들이

이제와 같지 않음을 알 수 있으랴. 40이 되고 50이 되어도 명성이 들리지 않으면, 이 또한 두려워할 것이 못될 뿐이다.

【名言】후생가외(後生可畏) ; "뒤에 난 사람은 두려워할 만하다." 공자의 말이다. 두렵다는 것은 무섭다는 뜻이 아니고 존경한다는 뜻이 있다.

후생(後生)은 뒤에 난 사람, 즉 자기보다 나이가 어린 사람을 말한다. 여기서 『외(畏)』란 좋은 의미에서 존경하고 주목할 만한 것을 말한다. 즉, 뒤에 태어난 사람인 후배들에게 무한한 기대를 걸고 한 말이다. 그들의 장래가 어디까지 뻗어나갈지 알 수 없는 기대가 섞인 두려움인 것이다. 지금의 나보다도 더 뛰어난 학문적 성과를 올릴 수 있기 때문이다. 그러나 나이가 사오십이 되도록 이름이 나지 않으면 두려워할 것이 못된다고 말함으로써 젊었을 때 학문에 힘쓸 것을 충고하는 것이다.

공자는 이 말을 통해 젊은이는 항상 학문에 정진해야 하고, 선배 되는 사람들은 학문을 하는 태도가 겸손해야 함을 일깨우고 있는 것이다. 공자가 『후생가외』라고 한 것은 그의 제자 중 특히 재주와 덕을 갖추고 학문이 뛰어난 안회(顔回)의 훌륭함을 두고 이른 말이다.

이 말은 "나중에 난 뿔이 우뚝하다"는 『후생각고(後生

角高)"라는 말과도 뜻이 통한다. 『후생각고』는 제자나 후배가 스승이나 선배보다 훨씬 나을 때 이르는 말로 『청출어람(靑出於藍)』과도 뜻이 통하는 말이다.

■ ^삼 ^군 ^가 ^탈 ^사 ^야 三軍可奪師也 ^필 ^부 ^불 ^가 ^탈 ^지 ^야 匹夫不可奪志也

3군의 통수권은 빼앗을 수 있지만, 필부의 뜻을 빼앗을 수는 없다.

*奪 빼앗다.

【名言】 필부불가탈지(匹夫不可奪志) ; 필부일지라도 그 뜻이 굳으면 이를 빼앗을 수 없다. 보잘것없는 사람도 그의 마음속에 품고 있는 뜻을 내 마음대로 바꿀 수는 없다는 말이다.

공자의 말이다. "삼군(三軍)의 장수는 빼앗을 수 있지만, 한 지아비의 뜻은 빼앗을 수 없다(三軍可奪帥也 匹夫不可奪志也)."

삼군은 제후들이 가질 수 있는 가장 많은 군대다. 일군이 1만 2천 5백 명이었으니까 3군이면 3만 7천 5백 명이다. 3만 7천 5백 명을 거느린 총대장도 이를 빼앗을 수는 없다. 그것은 힘의 문제요, 사기의 문제이기 때문이다. 그러나 보잘것없는 못난 사람도 그의 마음속에 품고 있는 뜻을 내 마음대로 바꿀 수는 없다. 사람의 마음이란 폭력이나 위력으로 좌우될 수 없기 때문이다.

우리말에, "자식을 낳으면 겉을 낳지, 속까지 낳을 수 있느냐." 하는 말이 있다. 아무리 부모라도 자식의 마음만은 어떻게 해볼 수 없다는 뜻이다. 부모의 사심 없는 사랑과 정성으로도 자식의 마음을 마음대로 돌릴 수 없는데, 하물며 다른 사람이 폭력이나 위력으로 남의 마음을 바꿔 놓을 수는 없다. 공자의 이 말은 인간의 존엄성을 가리킨 것이다. 3군의 총사령관이라는 인간이 준 지위보다는 개인이 각자 지니고 있는 굳은 의지가 보다 강력한 위치를 차지하고 있다는 뜻이다. 즉 남의 인격을 존중하라는 말이다.

■ 歲寒然後 知松柏之後凋也
세 한 연 후   지 송 백 지 후 조 야

날씨가 추워진 뒤에야 소나무와 잣나무가 다른 나무들보다 뒤늦게 시든다는 것을 알 수 있다.

*歲 ; 해, 나이. 寒 ; 차다. 柏 ; 잣나무. 凋 ; 시들다.

【名言】세한송백(歲寒松柏) ; 추운 시절의 소나무와 잣나무, 즉 어지러운 시대에도 변치 않는 선비의 굳은 지조와 절개를 이르는 말이다.

"날씨가 추워진 후에야 소나무와 잣나무가 뒤늦게 시든 다는 것을 알 수 있다(歲寒然後 知松柏之後凋也)."

사람이 태평성대(太平聖代)한 시대에 살 때는 별로 표시 가 나지 않지만 큰일을 당하고 나면 그 사람의 절의와 지조 를 알 수 있다는 내용의 말이다. 이렇듯 『세한송백』은 지 조와 절개를 나타내는 말이다.

■ 知者不惑 仁者不憂 勇者不懼
   지자불혹 인자불우 용자불구

지혜로운 이는 미혹되지 않고, 어진 이는 근심하지 않으 며, 용기 있는 이는 두려워하지 않는다. 공자의 말이다.

*惑 ; 미혹하다. 懼 ; 두려워하다, 위태로워하다.

子罕篇 第九

子罕言利, 與命與仁.

達巷黨人曰：“大哉孔子, 博學而無所成名.”子聞之, 謂
門弟子曰：“吾何執, 執禦乎, 執射乎? 吾執禦矣.”

子曰：“麻冕, 禮也. 今也純, 儉, 吾從眾. 拜下, 禮也. 今
拜乎上, 泰也. 雖違眾, 吾從下.”

子絕四：毋意、毋必、毋固、毋我.

子畏於匡, 曰：“文王既沒, 文不在茲乎. 天之將喪斯文也,
後死者不得與於斯文也；天之未喪斯文也, 匡人其如予何!”

太宰問於子貢曰：“夫子聖者與? 何其多能也.”子貢曰：
“固天縱之將聖, 又多能也.”子聞之, 曰：“太宰知我乎. 吾
少也賤, 故多能鄙事. 君子多乎哉? 不多也.”牢曰：“子雲：
吾不試, 故藝.”

子曰：“吾有知乎哉? 無知也. 有鄙夫問於我, 空空如也,
我叩其兩端而竭焉.”

子曰：“鳳鳥不至, 河不出圖, 吾已矣夫!”

子見齊衰者、冕衣裳者與瞽者, 見之, 雖少必作, 過之, 必
趨.

顏淵喟然歎曰：“仰之彌高, 鑽之彌堅, 瞻之在前, 忽焉在

後. 夫子循循然善誘人, 博我以文, 約我以禮. 欲罷不能, 既竭吾才, 如有所立卓爾. 遂欲從之, 末由也已."

子疾病, 子路使門人爲臣. 病閒, 曰: "久矣哉, 由之行詐也. 無臣而爲有臣, 吾誰欺, 欺天乎? 且予與其死於臣之手也, 無寧死於二三子之手乎. 且予縱不得大葬, 予死於道路乎?"

子貢曰: "有美玉於斯, 韞櫝而藏諸? 求善賈而沽諸?"子曰: "沽之哉, 沽之哉! 我待賈者也."

子欲居九夷. 或曰: "陋, 如之何?"子曰: "君子居之, 何陋之有?"

子曰: "吾自衛反魯, 然後樂正, 雅頌各得其所."

子曰: "出則事公卿, 入則事父兄, 喪事不敢不勉, 不爲酒困, 何有於我哉?"

子在川上曰: "逝者如斯夫, 不舍晝夜."

子曰: "吾未見好德如好色者也."

子曰: "譬如爲山, 未成一簣, 止, 吾止也. 譬如平地, 雖覆一簣, 進, 吾往也."

子曰: "語之而不惰者, 其回也."

子謂顔淵曰: "惜乎! 吾見其進也, 未見其止也."

子曰: "苗而不秀者有矣夫, 秀而不實者有矣夫."

子曰: "後生可畏. 焉知來者之不如今也? 四十五十而無

聞焉, 斯亦不足畏也已."

子曰：“法語之言, 能無從乎? 改之爲貴. 巽與之言, 能無說乎? 繹之爲貴. 說而不繹, 從而不改, 吾末如之何也已矣."

子曰：“主忠信, 毋友不如己者, 過則勿憚改."

子曰：“三軍可奪帥也, 匹夫不可奪志也."

子曰：“衣敝縕袍, 與衣狐貉者立, 而不恥者, 其由也與? 不忮不求, 何用不臧."子路終身誦之. 子曰：“是道也, 何足以臧?"

子曰：“歲寒, 然後知松柏之後凋也."

子曰：“知者不惑, 仁者不憂, 勇者不懼."

子曰：“可與共學, 未可與適道；可與適道, 未可與立；可與立, 未可與權."

唐棣之華, 偏其反而. 豈不爾思, 是室遠而. 子曰：“未之思也. 夫何遠之有!"

제10편 향당(鄕黨)

■ 便便言 唯謹爾
　편 편 언　유 근 이

말을 조리있게 잘하지만 아무 때나 나서지 않는다.

*便便 ; 바르고 분명한 말솜씨. 唯謹爾 ; 오직 삼갔을 따름이다.

{공자께서 마을에 계실 적에는 공손하시어, 마치 말할 줄 모르는 사람 같으셨다. 그러나 조정에 계실 적에는 주장할 것은 명쾌하게 주장하셨다. 그러나 그럴 경우에도 조심하는 태도는 늘 잊지 않으셨다. 공자의 제자가 한 말.}

■ 朝 與下大夫言 侃侃如也 與上大夫言 誾誾如也
　조　 여 하 대 부 언　 간 간 여 야　 여 상 대 부 언　 은 은 여 야

조정에 나아가 하대부와 이야기할 때는 화목하고 즐거웠으며, 상대부와 이야기할 때는 공손하면서도 정직한 태도였다.

*侃侃 ; (말하는 것이) 당당하고 차분하다. 誾誾 ; 공손하면서도 정직한 모양

{공자는 노나라에서 하대부가 담당하는 사구(司寇)라는 벼슬을 지낸 적이 있으므로 자신과 같은 신분인 하대부와

는 거리감 없이 이야기를 나누었다는 말이다. 공자는 하대부와 말할 때에는 웃는 모양으로 화락하였고, 상대부와 말할 때에는 도리를 세워 옳고 그름을 확실하게 논했다.}

■ 傷人乎 不問馬
　　상 인 호　불 문 마

사람이 상하지 않았는지 만을 묻고. 말(馬)에 대해서는 묻지 않았다.

【名言】상인호불문마(傷人乎不問馬) ; 공자가 조정에서 일을 마치고 집에 돌아와 마구간에 불이 났던 사실을 알게 되었다. 이에 공자는, "사람이 다쳤냐고만 물어보고 말에 대해서는 묻지 않았다(廐焚 子退朝曰 傷人乎 不問馬)." 이는 사람을 존귀하게 여긴 공자의 인품을 보여준다. 이로부터 『불문마(不問馬)』는 아무리 소중한 것이라도 사람보다 못함을 비유하는 말로 사용된다.

그런데 『상인호 불문마(傷人乎 不問馬)』는 구두점을 달리 찍으면 의미가 달라진다. 곧 "상인호불, 문마(傷人乎不 問馬)"라고 읽으면 "사람이 다치지 않았는지 물어본 뒤에 말에 대해 물었다."라고 풀이할 수도 있다. 이렇게 해석하여도 말보다 사람의 안위를 우선함에는 변함이 없다.

그러나 조선 후기, 경전의 전통적 해석에 절대적 권위를 부여하던 교조적 사대부 사회에서 이같이 해석한 윤휴(尹鑴)는 『사문난적(斯文亂賊)』으로 몰리기도 하였다

【名言】 사문난적(斯文亂賊) ; 유교(儒敎)에서 교리를 어지럽히고 사상에 어긋나는 언행을 하는 사람. 원래 유교 반대자를 비난하는 말이었으나, 조선 중엽 이후 당쟁이 격렬해지면서부터 그 뜻이 매우 배타적이 되어 유교의 교리 자체를 반대하지 않더라도 그 교리의 해석을 주자(朱子)의 방법에 따르지 않는 사람들까지도 『사문난적』으로 몰았다.

당시 중국에서 성행하던 육상산·왕양명의 심학(心學) 같은 것도 조선시대에는 용납되지 않았다. 숙종 때의 대학자인 윤휴(尹鑴)가 유교 경전을 주자를 따라서 해석하지 않고 독자적으로 해석했다 하여 사문난적이라는 비난을 받은 것은 좋은 예이다.

鄕黨篇 第十

孔子於鄕黨, 恂恂如也, 似不能言者. 其在宗廟朝廷, 便便言. 唯謹爾.

朝, 與下大夫言, 侃侃如也, 與上大夫言, 誾誾如也. 君子, 椒錯如也, 與與如也.

君召使擯, 色勃如也, 足躩如也. 揖所與立, 左右手, 衣前後, 襜如也. 趨進, 翼如也. 賓退, 必複命, 曰: "賓不顧矣."

入公門, 鞠躬如也, 如不容. 立不中門, 行不履閾. 過位, 色勃如也, 足躩如也, 其言似不足者. 攝齊升堂, 鞠躬如也, 屛氣似不息者. 出, 降一等, 逞顏色, 怡怡如也. 沒階趨, 翼如也, 複其位, 椒措如也.

執圭, 鞠躬如也, 如不勝. 上如揖, 下如授, 勃如戰色, 足縮縮, 如有循. 享禮, 有容色. 私覿, 愉愉如也.

君子不以紺緅飾, 紅紫不以爲褻服. 當暑, 袗絺綌, 必表而出之. 緇衣羔裘, 素衣麑裘, 黃衣狐裘. 褻裘長, 短右袂. 必有寢衣, 長一身有半. 狐貉之厚以居. 去喪無所不佩. 非帷裳, 必殺之. 羔裘玄冠不以吊. 吉月, 必朝服而朝.

齊, 必有明衣. 齊必變食, 居必遷坐.

食不厭精, 膾不厭細. 食饐而餲, 魚餒而肉敗, 不食. 色惡,不食. 失飪, 不食. 不時, 不食. 割不正, 不食. 不得其醬, 不食. 肉雖多, 不使勝食氣. 惟酒無量, 不及亂. 沽酒市脯不食. 不撤薑食. 不多食. 祭於公, 不宿肉. 祭肉, 不出三日, 出三日, 不食之矣. 食不語, 寢不言. 雖疏食菜羹瓜祭, 必齊如也.

席不正, 不坐.

鄕人飮酒, 杖者出, 斯出矣. 鄕人儺, 朝服而立於阼階.

問人於他邦, 再拜而送之. 康子饋藥, 拜而受之. 曰:"丘未達, 不敢嘗."

廐焚, 子退朝, 曰:"傷人乎?"不問馬.

君賜食, 必正席先嘗之. 君賜腥, 必熟而薦之. 君賜生, 必畜之. 伺食於君, 君祭, 先飯. 疾, 君視之, 東首, 加朝服拖紳. 君命召, 不俟駕行矣.

入太廟, 每事問. 朋友死, 無所歸, 曰:"於我殯."朋友之饋, 雖車馬, 非祭肉, 不拜.

寢不屍, 居不容. 見齊衰者, 雖狎必變. 見冕者與瞽者, 雖褻必以貌. 凶服者式之, 式負版者. 有盛饌, 必變色而作. 迅雷風烈, 必變.

升車, 必正立執綏. 車中, 不內顧, 不疾言, 不親指.
色斯擧矣, 翔而後集. 曰:"山梁雌雉, 時哉時哉!"子路共之, 三嗅而作.

제11편 선진(先進)

■ 未知生 焉知死
(미 지 생 언 지 사)

삶도 잘 모르는데, 어찌 죽음에 대하여 알겠는가?

*焉 ; 어찌.

【故事】계로(季路)가 공자에게 귀신(鬼神)을 어찌 섬겨야 할지 묻자, 공자가, "사람도 제대로 섬길 줄 모르는데, 어찌 귀신을 섬길 수 있겠느냐(未能事人 焉能事鬼)?"라고 대답하였다. 이어 계로가 사람의 죽음에 대해서 묻자, 공자는, "삶도 잘 모르는데, 어찌 죽음에 대하여 알겠느냐(未知生, 焉知死)?"라고 대답했다.

■ 鳴鼓而攻之可也
(명 고 이 공 지 가 야)

북을 울려서 그 죄를 공격하는 것이 옳다.

*鳴 ; 울다, 소리를 내다.

【名言】명고이공(鳴鼓而攻) ; "북을 치며 공격하다"라는 뜻으로, 남의 죄상(罪狀)을 공개적으로 성토함을 비유하는 말. 여러 사람 앞에서 상대편의 잘못을 따지며 공격하는 것을 말한다.

춘추시대 노(魯)나라의 귀족인 계씨(季氏)는 대대로 높은 관직에 올라 권세를 누렸는데, 노나라의 재상 계강자(季康子) 때에는 그 재산이 늘어나 군주보다 많았다고 한다.

귀족제도가 무너져가고 봉건제도가 자리 잡아 갈 무렵에는 귀족계급 안에서도 갈등이 일어났다. 계강자는 토지제도를 개혁하고 토지에 따라 조세를 받으려는 정책을 펴나가자 공자는 이에 반대하였다. 그러나 공자의 제자로서 계씨의 가신(家臣)인 염구(冉求)는 계강자의 정책에 적극 찬성하였다.

염구는 백성들에게 세금을 거두어들여 계강자에게 바침으로써 계강자의 재산이 점점 늘어났다. 크게 화가 난 공자는 제자들에게 말했다. "염구는 이제 나의 제자가 아니니 너희들은 북을 울려 그를 공격해도 좋다(求非吾徒也 小子鳴鼓而攻之可也)."

예전에는 전쟁을 할 경우 북을 치며 공격을 했는데, 위의 공자의 말은 여러 사람들이 남의 과오를 공개적으로 비판하고 규탄하는 것을 비유하는 말이 되었다.

■ 過猶不及
과 유 불 급

지나침은 미치지 못함과 같다.

*猶 ; 오히려.

【名言】 과유불급(過猶不及) ; 자공(子貢)이 공자에게 물었다. "사(師 : 子張의 이름)와 상(商 : 子夏의 이름)은 누가 어집니까?" "사는 지나치고 상은 미치지 못한다."하고 공자가 대답했다. "그럼 사가 낫단 말씀입니까?"하고 반문하자, 공자는, "지나침은 오히려 미치지 못함과 같다(過猶不及)"고 말했다.

자장과 자하는《논어》의 기록을 통해 볼 때 퍽 대조적인 인물이었다. 자장은 기상이 활달하고 생각이 진보적인데 반해, 자하는 만사에 조심을 하며 모든 일을 현실적으로만 생각했다. 친구를 사귀는 데 있어서도 자장은 천하 사람이 다 형제라는 주의로 모든 사람을 동등하게 대했는데, 자하는 "나만 못한 사람을 친구로 삼지 말라."고 제자들에게 가르쳤다.

그러나 공자가 말한『과유불급』은, 굳이 두 사람에게 국한된 것이 아니고 일반적인 원칙을 말한 것이다. 그러면 그 지나치다, 혹은 미치지 못한다 하는 표준은 어디에 두어야 할 것인가. 그것은 한 마디로 중용(中庸)인 것이다. 미치지 못하지도 않고 지나치지도 않은 중용이란 말은 다시 시중(時中)이란 말로 표현된다. 시중은 그때그때 맞게 한다는 뜻이다.

어제의 중용이 오늘에도 중용일 수는 없다. 이것이 꼭 옳다, 이렇게 하는 것이 영원불변의 진리다 하는 것은 있을 수 없는 것이다. 그것은 손으로 만져 쥐어 보일 수도 없는 것이다. 모든 것을 환히 통해 아는 성인이 아니고서는 이 시중을 행할 수 없는 것이다. 그러기에 공자는 말하기를, 천하도 바로잡을 수 있고, 벼슬도 사양할 수 있고, 칼날도 밟을 수 있지만, 중용만은 할 수 없다고 했다.

『과유불급』이란 말과 중용이란 말을 누구나 입으로 말하고 있지만, 공자의 이 참뜻을 안 사람은 드물다. 공자를 하늘처럼 받들어 온 선비란 사람들이 고루(古陋)한 형식주의와 전통주의에 빠져 시대를 그릇 인도하고 나라를 망치게 한 것도 이 과유불급과 중용의 참뜻을 이해하지 못한 때문이었다.

■ 論篤是與 君子者乎 色莊者乎
　　논 독 시 여　　군 자 자 호　　색 장 자 호

언론이 독실하면 그 편을 들기는 하나, 그것만으로는 군자다운 사람인지 또는 외모만 꾸미는 자인지 알 수가 없다.

*篤 ; 도탑다, 독실하다.

可謂具臣矣
가 위 구 신 의

신하의 수나 채울 사람들이다.

{이제 유(由)와 구(求)는(今由與求) 신하의 수나 채울 사람들이다. 이른바 훌륭한 대신이라는 것은 정도(正道)로써 임금을 섬기고, 그것이 불가능하면 그만두어야 한다.

【故事】 유(由)는 중유(仲由), 구(求)는 염구(奇求). 계자연(季子然)이 유와 구에 대해서 물었을 때 공자가 평해서 한 말.}

계자연이 "중유와 염구는 위대한 신하라고 할 수 있습니까?"하고 묻자 공자가 말했다. "나는 당신이 특이한 것을 물을 줄 알았더니 고작 유(由)와 구(求)에 관하여 묻는군요. 이른바 위대한 신하란 도로써 임금을 섬기고 그것이 불가능하면 그만두어야 합니다. 이제 유와 구는(今由與求) 단지 신하의 수나 채울 사람들이라 할 수 있습니다."

계자연이 "그렇다면 시키는 말을 잘 따를까요?"하고 묻자 공자가 말했다. "아버지와 임금을 시해하는 일은 그들도 따르지 않을 것입니다."(표면상 중유와 염구를 비판하는 형식을 빌려 사실상 계씨의 무도함을 풍자한 것이다.)

先進篇 第十一

子曰：“先進於禮樂，野人也．後進於禮樂，君子也．如用之，則吾從先進．”

子曰：“從我於陳蔡者，皆不及門也．德行：顏淵、閔子騫、冉伯牛、仲弓；言語：宰我、子貢；政事：冉有、季路；文學：子游、子夏．”

子曰：“回也，非助我者也．於吾言無所不說．”

子曰：“孝哉，閔子騫．人不間於其父母昆弟之言．”

南容三複白圭，孔子以其兄之子妻之．

季康子問：“弟子孰爲好學？”孔子對曰：“有顏回者好學，不幸短命死矣．今也則亡．”

顏淵死，顏路請子之車以爲之槨．子曰：“才不才，亦各言其子也．鯉也死，有棺而無槨．吾不徒行以爲之槨．以吾從大夫之後，不可徒行也．”

顏淵死，子曰：“噫！天喪予！天喪予！”

顏淵死，子哭之慟．從者曰：“子慟矣．”曰：“有慟乎？非夫人之爲慟而誰爲？”

顏淵死，門人欲厚葬之．子曰：“不可．”門人厚葬之．子曰：“回也視予猶父也，予不得視猶子也．非我也，夫二三子也."

季路問事鬼神. 子曰 : "未能事人, 焉能事鬼?" "敢問死?" 曰 : "未知生, 焉知死?"

閔子伺側, 誾誾如也. 子路, 行行如也. 冉有、子貢, 侃侃如也. 子樂 : "若由也, 不得其死然."

魯人爲長府, 閔子騫曰 : "仍舊貫, 如之何? 何必改作." 子曰 : "夫人不言, 言必有中."

子曰 : "由之瑟, 奚爲於丘之門?" 門人不敬子路. 子曰 : "由也升堂矣, 未入於室也."

子貢問 : "師與商也孰賢?" 子曰 : "師也過, 商也不及." 曰 : "然則師愈與?" 子曰 : "過猶不及."

季氏富於周公, 而求也爲之聚斂而附益之. 子曰 : "非吾徒也. 小子鳴鼓而攻之可也."

柴也愚, 參也魯, 師也辟, 由也喭.

子曰 : "回也其庶乎. 屢空. 賜不受命, 而貨殖焉, 億則屢中."

子張問善人之道. 子曰 : "不踐跡, 亦不入於室."

子曰 : "論篤是與? 君子者乎, 色莊者乎?"

子路問 : "聞斯行諸?" 子曰 : "有父兄在, 如之何聞斯行之?" 冉有問 : "聞斯行諸?" 子曰 : "聞斯行之." 公西華曰："由也問聞斯行諸, 子曰有父兄在. 求也問聞斯行諸, 子曰聞斯行之. 赤也惑, 敢問." 子曰："求也退, 故進之；由也兼人, 故退之."

子畏於匡, 顏淵後. 子曰："吾以汝爲死矣." 曰："子在, 回何敢死?"

季子然問："仲由、冉求, 可謂大臣與?" 子曰："吾以子爲異之問, 曾由與求之問. 所謂大臣者, 以道事君, 不可則止. 今由與求也, 可謂具臣矣." 曰："然則從之者與?" 子曰："弑父與君, 亦不從也."

子路使子羔爲費宰, 子曰："賊夫人之子." 子路曰："有民人焉, 有社稷焉. 何必讀書, 然後爲學." 子曰："是故惡夫佞者."

子路、曾晳、冉有、公西華侍坐, 子曰："以吾一日長乎爾, 毋吾以也. 居則曰：不吾知也. 如或知爾, 則何以哉?" 子路率爾對曰："千乘之國, 攝乎大國之間, 加之以師旅, 因之以饑饉, 由也爲之, 比及三年, 可使有勇, 且知方也." 夫子哂之："求, 爾何如?" 對曰："方六七十, 如五六十, 求也爲之, 比及三年, 可使足民. 如其禮樂, 以俟君子." "赤, 爾何如?" 對曰："非曰能之, 願學焉. 宗廟之事, 如會同, 端章甫, 願爲小相焉." "點, 爾何如?" 鼓瑟希, 鏗爾, 舍瑟而作, 對

曰 : "異乎三子者之撰." 子曰 : "何傷乎?　亦各言其志也.
"曰 : "暮春者, 春服旣成, 冠者五六人, 童子六七人, 浴乎
沂, 風乎舞雩, 詠而歸." 夫子喟然歎曰 : "吾與點也." 三子
者出, 曾晳後, 曾晳曰 : "夫三子者之言何如?" 子曰 : "亦
各言其志也已矣." 曰 : "夫子何哂由也?" 曰 : "爲國以禮.
其言不讓,　是故哂之." "唯求則非邦也與?" "安見方六七
十如五六十而非邦也者?" "唯赤則非邦也與?" "宗廟會同,
非諸侯而何? 赤也爲之小, 孰能爲之大!"

제12편 안연(顏淵)

■ 克己復禮爲仁 一日克己復禮 天下歸仁焉
(극기복례위인 일일극기복례 천하귀인언)

자기를 억제하고 예에 맞게 행동하는 것이 곧 인이다. 예에 맞게 행동하는 날이면 천하가 모두 인(仁)에로 돌아갈 것이다.

【名言】극기복례(克己復禮) ; 공자가 가장 사랑하고 아끼며 자기의 도통(道統)을 이을 사람으로 믿고 있던 안연이 인(仁)에 대해 물었을 때 대답한 말이다.

"나를 이기고 『예(禮)』로 돌아가는 것이 『인(仁)』이다(克己復禮爲仁). 하루만 나를 이기고 『예』로 돌아가면 천하가 『인』으로 돌아온다. 『인』을 하는 것은 나에게 있다. 남에게 있는 것이 아니다."

이 『극기』와 『복례』에 대해서는 여러 가지 학설이 있다. 그러나 대개 자신을 이긴다는 것은 이성(理性)으로 인간의 육체적인 욕망을 극복하는 것으로 풀이될 수 있고, 『복례』의 『예』는 천지만물의 자연을 말하는 것으로, 무아(無我)의 경지를 말한 것이라 볼 수 있다.

《대학》에 나오는 『격물치지(格物致知)』란 것도 결국

이 『극기복례』와 같은 뜻으로 풀이할 수 있다. 특히 뒤이어 하루만 극기복례를 하면 천하가 다 『인(仁)』으로 돌아온다고 한 말은, 육신으로 인한 모든 욕망이 완전히 사라지고 무아의 경지가 하루만 계속되면 그 때는 천하의 모든 진리를 다 깨달아 알게 된다는 이른바 성도(成道)를 말한 것이라 볼 수 있다.

공자는 『인』이란 말을 『도(道)』란 말과 같은 뜻으로 사용해 왔다고 볼 수 있는데, 많은 제자들이 이 『인』에 대해 질문을 해 왔지만, 그 때마다 공자는 그들 각각의 정도에 따라 다른 대답을 했다. 안연에 대한 이 대답이 가장 『인』의 최고의 경지를 지적한 것으로 생각된다.

공자는 또 다른 곳에서 제자들을 놓고 이렇게 평했다.

"회(回 : 안연의 이름)는 석 달을 『인』에서 벗어나지 않았고, 그 나머지 사람들은 혹 하루에 한 번, 한 달에 한 번 잠시 인에 이를 뿐이다."

하루를 계속 무아의 경지에 있을 수 있는 사람이면 한 달도 석 달도 계속될 수 있는 일이다. 석 달을 계속 무아의 경지에 있은 안연이라면 그것은 아주 성도(成道)한 성자의 지위에 오른 것을 말한 것이라 볼 수 있다.

공자의 이와 같은 대답에 안연은 다시 그 구체적인 것을 말해 달라고 청했다. 여기서 공자는, "『예(禮)』가 아니면 보지도 말고, 예가 아니면 듣지도 말고, 예가 아니면 말도 하지 말고, 예가 아니면 움직이지도 말라."고 했다.

불경에 있는 문자를 빌린다면 인간의 모든 감각인 육식(六識 ; 육경六境을 지각하는 안식眼識, 이식耳識, 비식鼻識, 설식舌識, 신식身識, 의식意識의 총칭. 곧 몸의 의식)을 떠남으로써 참다운 진리를 깨달을 수 있다는 말일 것이다.

안연의 성도(成道)의 경지를 말한 것으로 보이는 데에 이런 것이 있다. 자한편에서 안연이 혼자 이렇게 탄식해 말하고 있다.

"바라볼수록 높고, 뚫을수록 여물다. 앞에 있는 것만 같던 것이 홀연 뒤에 가 있다. ……그만두려 해도 그만둘 수가 없어 내 있는 재주를 다한다. 무엇이 앞에 우뚝 솟아 있는 것만 같아 아무리 잡으려 해도 잡히지를 않는다."

이 말을 풀이한 주석에 이렇게 적혀 있다. "극기복례의 공부를 시작한 뒤, 석 달을 『인』에 벗어나지 않던 그 때의 일이다."라고.

이 말은 보리수 밑에 가부좌를 틀고 앉은 석가모니의 성도(成道)의 과정도 바로 이런 것이 아니었던가 하는 생각이 든다. 그러나 오늘 우리가 쓰고 있는 『극기(克己)』는 극히

초보적이고 또 극히 넓은 의미로 쓰이고 있다.

■ 非禮勿視 非禮勿聽 非禮勿言 非禮勿動
비 례 물 시　비 례 물 청　비 례 물 언　비 례 물 동

　예가 아니면 보지 말고, 예가 아니면 듣지 말고, 예가 아
니면 말하지 말고, 예가 아니면 행동하지 말라.

　*勿 ; 말다.

　{공자가 가장 사랑하고 아끼며 자기의 도통(道統)을 이
을 사람으로 믿고 있던 안연이 인(仁)에 대해 물었을 때 대
답한 말이다. "나를 이기고 『예(禮)』로 돌아가는 것이
『인(仁)』이다(克己復禮爲仁). 하루만 나를 이기고『禮』
로 돌아가면 천하가 『仁』으로 돌아온다. 『仁』을 하는 것
은 나에게 있다. 남에게 있는 것이 아니다." 공자의 이와 같
은 대답에 안연은 다시 그 구체적인 것을 말해 달라고 청했
다. 그러자 공자가 대답한 말이다.}

■ 出門如見大賓
출 문 여 견 대 빈

　문을 나서는 큰 손님을 보는 것같이 한다. 항상 공경하는
마음으로 몸을 닦음을 비유함.

　{중궁이 인에 관하여 묻자, 공자가 말했다. "대문을 나서
면 큰 손님을 만난 듯이 하고, 백성을 부릴 때는 큰 제사를

받들 듯이 하여라. 자기가 원하지 않는 일을 남에게 시키지
마라(己所不欲 勿施於人). 그러면 조정에서 공무를 처리할
때에도 다른 사람의 원망이 없을 것이고 집에 있을 때에도
다른 사람의 원망이 없을 것이다.")

*기소불욕물시어인(己所不欲勿施於人) ; "자기가 원하지
않는 일을 남에게 시키지 마라."라는 뜻으로, 「위령공편
(衛靈公篇)」에서 자세히 설명한다.

■ 內省不疚 夫何憂何懼

마음으로 반성하면 부끄러울 게 없으니 무슨 걱정이 있
고 두려울 것이 있겠는가.

*疚 ; 가책을 느끼다. 懼 ; 두려워하다.

■ 死生有命 富貴在天

죽고 사는 것은 천명(天命)에 있고, 부귀(富貴)는 하늘에
달려 있다.

{수명을 늘리거나 재물을 늘리기 위해 아등바등 사는 것
보다는 인간관계를 개선하려고 노력하는 것이 훨씬 더 현
실적이다. 오래 사는 것과 부자가 되는 것은 자신의 의지대

로만 되지 않는다. 하지만 인간관계는 다르다. 자신을 살피고 상대를 배려하는 마음과 의지를 가지면 인간관계는 좋아질 수 있다.)

_{자 고 개 유 사   민 무 신 불 립}
■ 自古皆有死 民無信不立

예부터 내려오면서 누구든지 죽지만, 사람은 믿음이 없으면 살아갈 수 없다.

【名言】무신불립(無信不立) ; 믿음이 없으면 설 수 없다는 뜻으로, 사람에게 믿음이 없으면 살아갈 수 없다. 사람이 살아가는 데 가장 중요한 미덕은 역시 신뢰라는 말이다.

제자 자공(子貢)이 정치에 관해 스승 공자에게 묻자, 공자가 대답했다. "식량을 풍족하게 하고(足食), 군대를 충분히 하고(足兵), 백성의 믿음을 얻는 일이다(民信)."

자공이 다시 물었다. "어쩔 수 없이 한 가지를 포기해야 한다면 무엇을 먼저 해야 합니까?"

공자는 군대를 포기해야 한다고 답했다. 자공이 다시 나머지 두 가지 가운데 또 하나를 포기해야 한다면 무엇을 포기해야 하는지 묻자, 공자는 식량을 포기해야 한다며 이렇게 말했다.

"예로부터 사람은 누구나 죽음을 피할 수 없지만, 백성의 믿음이 없이는 (나라가) 서지 못한다(自古皆有死 民無信 不立).”

여기에서 정치나 개인의 관계에서 믿음의 중요성을 강조하는 말로 『무신불립』이라는 표현이 쓰이기 시작하였다.

■ 四海之內 皆兄弟也
　　사 해 지 내　개 형 제 야

온 세상 사람들은 모두가 다 형제이다.

{뜻을 같이하고 마음이 일치한다면 누구라도 형제와 같이 지낼 수 있다. 사해동포라고도 한다.}

【名言】 사해형제(四海兄弟) ; 공자의 제자로 사마우(司馬牛)라는 사람이 있었다. 이 사마우에게는 환퇴라는 대악당인 형이 있었다. 환퇴는 공자를 죽이려고까지 한 적도 있었다.

사마우는 아주 슬퍼하며, “남에게는 다 형제가 있으나 나만이 형제를 잃고 독신입니다.”라고 말했다.

공자의 고제자로 보좌 격이었던 자하는 그것을 위로해서 말했다. “ ‘죽고 사는 것이 다 천명이고, 부귀 역시 천운에 의한다.’ 라는 말을 들었다. 군자는 공경해서 잃지 않고, 남에게 공손히 해서 예가 있으면 사해(四海)는 다 형제다. 그러므로 군자라면 형제가 없는 것을 걱정하지 않아도 좋은 것이 아닌가."

또 어느 때, 사마우가, "군자란 어떤 인간입니까?" 하고 선생에게 물었다.

공자가 대답하기를, "군자는 걱정 근심을 하거나 겁을 내거나 하지 않는 것이다." 하자, 사마우는 다시, "걱정하지 않고 겁내지 않으면 군자라고 할 수 있습니까?" 하고 물었다.

공자는, "안으로 반성을 해서 떳떳하다면 무엇을 걱정하고 무엇을 겁내겠는가(內省不疚 夫何憂何懼)." 하고 대답했다. 『내성불구(內省不疚)』는 많이 쓰이는 말이다. 크게 떳떳치 못하면서도, 얼굴도 잘난 체 자랑하고 그것을 호언(豪言)하는 사람도 있다. 사마우에 대한 《논어》의 이야기는 환퇴라는 포악무도한 형이 있었다는 것을 모르면 뚜렷해지지 않는다.

침 윤 지 참   부 수 지 소
■ 浸潤之譖 膚受之愬

물이 스며들 듯한 참소와 피부로 직접 느끼는 호소.
*譖 ; 참소하다, 헐뜯다. 愬 ; 하소연하다.

【名言】침윤지참(浸潤之譖) ; 물이 서서히 표 안 나게 스

며들 듯 어떤 상대를 중상 모략하는 것. 조금씩 오래 두고 하는 참소의 말.

공자의 제자 자장(子張)이 공자에게, "어떤 것을 가리켜 밝다고 합니까?" 하고 물었다. 그러자 공자는, "물이 스며들 듯한 참소와 피부로 직접 느끼는 호소가 행해지지 않으면 마음이 밝다고 말할 수 있고, 또 생각이 멀다고 말할 수 있다(沈潤之譖 膚受之愬 不行焉 可謂明也己矣……可謂遠也己矣)." 라고 했다.

예상하지 못했던 말을 들으면 사람은 누구나 선입감이란 것이 있어서, 설사 그것이 사실일지라도 잘 믿으려 하지 않는다. 하지만 태산같이 믿었던 사람도 오랜 기간을 두고 그 사람에 대한 좋지 못한 평을 여러 번 듣게 되면 차츰 먼저 있었던 선입감이 사라지고 새로운 선입감이 대신 그 자리를 차지하게 된다. 만일 그것이 사실이 아니라면 이것이 바로 『침윤지참』이란 것이다.

간신들이 임금이 신임하는 착한 사람들을 해치는 방법에는 이 『침윤지참』이 가장 많이 행해지고 있다. 그것을 재빨리 알아차리고 다시는 그런 일이 없도록 한다면 마음이 밝다고 할 수 있다는 것이다.

『부수지소(膚受之愬)』는 듣는 사람이 피부를 송곳으로

찌르듯 이성을 잃게 만드는 그런 충격적인 호소를 말한다.

예를 들어 누가 이웃집 여자와 놀아났다고 하면, "그럴 리가 없는데?" 하고 의심을 한번 해보는 것이 보통이다. 그러나 "그놈이 당신 부인과 대낮에 호텔에서 나오는 것을 내가 똑똑히 보았소." 하면 미처 생각할 여유도 없이 칼을 들고 달려가는 소동이 벌어질 수도 있는 것이다. 이런 것이 『부수지소』란 것이다.

이런 『침윤지참』과 『부수지소』로 인해 착하고 정직한 사람들이 얼마나 기막힌 꼴을 당했는지를 역사는 잘 말해 주고 있다. 현명하다는 사람들도 그런 실수를 곧잘 범해 왔다. 하물며 범인들이야 오죽하겠는가.

■ 駟不及舌 (사 불 급 설)

네 마리 말이 끄는 수레도 혀에는 미치지 못한다.

*駟 ; 네 마리의 말이 끄는 빠른 수레.

【名言】사불급설(駟不及舌) ; 입에서 나온 말은 삽시간에 퍼진다. 말을 조심해야 한다는 경계의 말은 예부터 많이 전해지고 있다. 《시경》 대아 억편(抑篇)에 나오는, "흰 구슬의 이지러진 것은 차라리 갈(磨) 수 있지만, 이 말의 이지러진 것은 어찌할 수 없다(白圭之玷尙可磨也 斯言之玷不可爲

也)."라고 한 것도 한 예다.

공자의 제자 남용(南容)은 이 시를 읽으며, 그 뜻의 깊음에 감탄한 나머지 세 번을 거듭 되풀이했고, 공자는 그것을 보고, "남용은 나라에 도가 있으면 출세를 할 것이요, 나라에 도가 없어도 욕을 당하지 않을 것이다."하고 그를 조카 사위로 삼았다는 이야기가 《논어》에 나온다.

당나라 명재상 풍도(馮道)는 그의 『설시(舌詩)』에서, "입은 화의 문이요, 혀는 몸을 베는 칼이다(口是禍之門 舌是斬自刀)."라고 했다.

우리가 흔히 쓰는 "화자구출(禍自口出)이요, 병자구입(病自口入)"이란 문자도 다 같은 뜻에서 나온 것이다. 여기에 나오는 『사불급설』도 말을 조심해야 한다는 비유로 한 말이다.

사(駟)는 네 마리의 말이 끄는 빠른 수레를 말한다. 아무리 빠른 수레로도 한번 해버린 말을 붙들지는 못한다는 뜻이다. 즉, "네 마리 말도 혀에는 미치지 못한다."는 뜻이다.

이것은 《논어》 안연편에 나오는 자공(子貢)의 말이다.

극자성(棘子成)이란 사람이 자공을 보고 말했다. "군자는 질(質)만 있으면 그만이다. 문(文)이 무엇 때문에 필요하겠는가?" 그러자 자공은, "안타깝도다, 사(駟 : 네 마리 말이 끄는 마차)도 혀를 미치지 못한다. 文이 質과 같고, 質이 文과 같다면 호랑이나 표범의 가죽이 개나 양의 가죽과 같단 말인가?"라고 그의 경솔한 말을 반박했다.

『질(質)』은 소박한 인간의 본성을 말하고, 『문(文)』은 인간만이 가지고 있는 예의범절 등 외면치레를 극자성은 말하고 있는 것 같다. 실상 그로서는 호랑이 가죽이나 개 가죽을 같이 보았는지도 모른다.

■ 君君 臣臣 父父 子子

임금(君)은 임금답고, 신하는 신하답고, 아비(父)는 아비답고, 자식(子)은 자식다워야 한다.

{이것이 사회에 명분을 이루는 정치의 근본이다. 제(齋)나라 경공(景公)이 정치를 공자에게 물었을 때 공자가 한 대답이다.}

■ 片言可以折獄者

한 마디로 송사의 시비를 가려 판결을 내릴 수 있는 사람.

*片言 ; 한 마디 말. 折獄 ; 옥사(獄事)를 처결함.

【名言】편언절옥(片言折獄) ; "한 마디 말로 송사(訟事)의 시비를 가린다"라는 뜻으로, 간결한 말로 송사의 시비를 가려 명쾌하고 공정하게 판결하는 것을 비유하는 말이다.

공자는 자로를 이렇게 평했다. "한 마디로 송사의 시비를 가려 판결을 내릴 수 있는 사람이 있다면 유(由)일 것이다(片言可以折獄者 其由也與)." 유(由)는 자로의 이름이다. 이 말의 뒤에는 "자로는 한 번 대답한 일을 묵혀두지 않고 이행하였다(子路無宿諾)."라고 덧붙여져 있다.

공자는 자로가 3년 동안 포(蒲) 땅을 다스릴 때, 밝게 살피고 결단력이 있다고 칭찬한 적도 있다. 공자는 자로가 성격이 거칠지만 충성스럽고 신용이 있는 인물임을 잘 알고 있기에, 송사를 처리하는 데 확고한 소신을 가지고 몇 마디 말로써 공정한 판결을 내릴 수 있을 만한 인물이라고 말한 것이다.

이는 보통사람으로서는 실행하기 어려운 일로서, 우리나라 조선시대의 정약용은 《목민심서(牧民心書)》에서 "몇 마디 말로써 송사의 시비를 가려 마치 귀신처럼 판결을 내리는 자는 별다른 천재이니 범인이 본받을 만한 것이 못 된다(片言折獄 剖決如神 別有天才 非凡人之所宜也)."라고 말하기도 하였다.

■ 聽訟 吾猶人也 必也使無訟
<small>청 송　오 유 인 야　필 야 사 무 송</small>

송사를 듣고 재판을 함에 있어서는 나도 다른 사람과 같으나, 반드시 송사가 없도록 해야 한다.

*聽訟 ; 재판하기 위해 송사(訟事)를 들음.

【名言】필야사무송(必也使無訟) ; 송사가 제기되었을 때, 그것을 올바로 판결하고 처리하는 것은 자랑할 일이 못된다. 송사를 제기하는 사람이 없도록 하지 않으면 참으로 정치를 잘한다고 볼 수 없다. 도둑을 잘 잡는 것이 치안의 목적이 아니고 도둑이 없도록 만드는 것이 치안의 근본 목표가 된다는 것과 같은 말이다.

공자의 말이다. "송사를 듣고 재판을 함에 있어서는 나도 다른 사람과 같으나, 반드시 송사가 없도록 해야 한다(聽訟 吾猶人也 必也使無訟)."

죄인을 옳게 다스리고 시비를 올바로 가려내는 일은 성인이라고 해서 특별히 뛰어나게 잘할 수는 없는 일이다. 그러므로 죄를 짓는 사람이 적고 시비를 제기해오는 사람이 적도록 만드는 것이 정치하는 사람의 목표가 되어야 함을 이야기한 것이다.

내가 만일 정치를 한다면 한 명의 죄인도 없고, 시비를 하는 사람도 없는 그런 사회를 만들겠다는 뜻이다. 여기서 공자가 말하고자 하는 취지는, 송사의 어려움이라기보다 인간생활에 송사가 없도록 노력해야 하고, 또 위정자들도 그것을 근본으로 삼고 정사에 임해야 한다는 것이다.

즉, 송사가 없어지도록 도덕사회를 만들어야 한다는 말이다. 다시 말하면 『도불습유(道不拾遺)』의 정치가 실현되도록 노력하여 믿음이 풍만한 아름다운 세상을 만들어야 한다는 것이다. 『도불습유』란 길에 물건이 떨어져 있어도 주워 가지지 않을 만큼 나라가 잘 다스려지고 있다는 뜻이다.

■ 君子成人之美 不成人之惡
　 군자성인지미　불성인지악

군자는 남의 미행(美行)을 성사시키지만, 악행은 성사시키지 않는다.

■ 政者正也 子帥以正 孰敢不正
　 정자정야　자솔이정　숙감부정

정치란 올바른 것이다. 그대가 솔선하여 올바르게 한다면 누가 감히 올바르게 하지 않을 것인가.

　*帥 ; 장수 솔, 거느릴 솔. 孰 ; 누구.

　{정치라는 것은 바른 것을 행하는 데 있다. 정(政)과 정(正)은 동음 동의(同義).}

　【名言】자솔이정숙감부정(子帥以正孰敢不正)　;“그대가 솔선하여 올바르게 한다면 누가 감히 올바르게 하지 않을 것인가.” 윗사람이 바른 도리로써 아랫사람을 거느리면 아랫사람은 자연 바른 일을 하게 된다는 말이다.

　계강자(季康子)라는 노나라 실권자가 공자에게 정치를 묻자, 공자는 이렇게 대답했다. “정치(政)라는 것은 바른(正) 것이다. 그대가 거느리기를 바른 것으로 하면 누가 감히 바르지 않겠는가(子帥以正孰敢不正).”

　바르게 하는 것이 정치인데, 정치를 한다는 사람 자체가 바르지 못한 일을 하니 다른 사람이 말해 무엇 하겠느냐는 뜻이다. 수신(修身)이 치국평천하(治國平天下)의 근본이 된다는 것도 다 같은 진리에서 나온 말이다.

　솔(帥)은 거느린다는 솔(率)과 같다. 자(子)는 그대란 뜻이지만, 자기 자신이란 말로도 통할 수 있다. 그래서 또 “자솔이정 숙불이정(自率以正 孰不以正)”이란 말도 쓴다. “누가 바른 것으로 하지 않으리오.” 하는 뜻이다. 지휘자부터 올바르게 행동해야 한다는 뜻이다. 그래서 공자도 정(政)은 정

(正)이라고 하였다. 남을 이끄는 위치에 있는 사람은 항상 솔선수범해야 한다는 말이다.

■ 爲政焉用殺
위 정 언 용 살

정치를 하는 데 어찌 살인을 수단으로 쓴단 말인가?

{세상을 평온하게 하기 위해 악당을 전부 죽일까 하는 생각은 큰 잘못이다. 정치의 목적은 백성을 살리는 데 있기 때문이다.}

■ 君子之德風 小人之德草 草上之風必偃
군 자 지 덕 풍 소 인 지 덕 초 초 상 지 풍 필 언

군자의 덕은 바람과 같고, 소인의 덕은 풀과 같다. 풀 위에 바람이 불면 반드시 바람에 쓰러지게 마련이다.

*偃 ; 쓰러지다.

【名言】군자지덕풍(君子之德風) ; "군자의 덕은 바람과 같다" 라는 뜻은, 바람이 불면 풀이 그 방향으로 눕듯이 윗사람의 행동은 곧 아랫사람이 행동하는 데 표본이 된다는 말이다. 지도적인 위치에 서 있는 사람의 경거망동을 경계하는 뜻이 담겨 있다.

계강자(季康子)가 하루는 정치에 대해 공자에게 물었다.

　"무도한 인간들을 죽이고 도가 있는 사람을 공직에 나아가게 한다면 어떻겠습니까?"

　공자가 대답하였다. "그대는 정치를 하겠다면서 어떻게 사람 죽이는 방법을 쓰겠다는 것이오? 그대가 먼저 착해지려고 노력하면 백성들도 절로 착해질 것입니다. 군자의 덕은 바람과 같은 것이고, 소인의 덕은 풀과 같은 것입니다. 바람이 불면 풀은 필경 바람에 쓸려 따르게 마련이지요(子爲政 焉用殺 子欲善而民善矣 君子之德風 小人之德草 草上之風必偃)."

　남을 지도하고 다스리는 입장에 서 있는 사람이라면 먼저 솔선수범해야 할 것이다. 자신은 온갖 부정한 짓을 도맡아 하면서 아랫사람에게 정도를 걸으라고 한다면 이 말을 들을 사람은 아무도 없을 것은 너무나 당연하다. "윗물이 맑아야 아랫물이 맑다"는 우리 속담이 있는데, 바로 이 성구와 그 의미가 같다.

■ 忠告而善道之 不可則止 毋自辱也
충 고 이 선 도 지 　불 가 칙 지 　무 자 욕 야

　충심으로 말해주고 잘 인도하되 불가능하면 그만두어서 스스로 욕되지 않게 하여야 한다.

*辱 ; 욕되게 하다. 毋 ; 말다.

{내가 진리를 독점하고 있는 것이 아니라면, 내가 항상 옳은 것이 아니라면, 또 내가 누구나 가르쳐야 하는 소명을 가지고 태어난 것이 아니라면 윗사람이든 동료든 간에 함부로 잔소리하는 것은 예의가 아니다. 그러므로 "예의를 지켜라, 그래야 인간관계가 유지된다."}

顏淵篇 第十二

顏淵問仁. 子曰："克己復禮爲仁. 一日克己復禮, 天下歸仁焉. 爲仁由己, 而由人乎哉?"顏淵曰："請問其目."子曰："非禮勿視, 非禮勿聽, 非禮勿言, 非禮勿動." 顏淵曰："回雖不敏, 請事斯語矣."

仲弓問仁. 子曰："出門如見大賓, 使民如承大祭, 己所不欲, 勿施於人, 在邦無怨, 在家無怨."仲弓曰："雍雖不敏, 請事斯語矣."

司馬牛問仁. 子曰："仁者其言也訒."曰："其言也訒, 斯謂之仁已乎?"子曰："爲之難, 言之, 得無訒乎?"

司馬牛問君子. 子曰："君子不憂不懼."曰："不憂不懼, 斯謂之君子已乎?"子曰："內省不疚, 夫何憂何懼?"

司馬牛憂曰："人皆有兄弟, 吾獨亡."子夏曰："商聞之矣, 死生有命, 富貴在天. 君子敬而無失, 與人恭而有禮, 四海之內, 皆兄弟也. 君子何患乎無兄弟也."

子張問明. 子曰："浸潤之譖, 膚受之愬, 不行焉, 可謂明也已矣. 浸潤之譖, 膚受之愬, 不行焉, 可謂遠也已矣."

子貢問政. 子曰："足食, 足兵, 民信之矣."子貢曰："必不得已而去, 於斯三者何先?"曰："去食. 自古皆有死, 民無信不立."

棘子成曰：“君子質而已矣，何以文爲?”子貢曰：“惜乎, 夫子之說君子也. 駟不及舌. 文, 猶質也；質, 猶文也. 虎豹之鞹, 猶犬羊之鞹.”

哀公問與有若曰：“年饑, 用不足, 如之何?”有若對曰：“合徹乎?”曰：“二, 吾猶不足, 如之何其徹也?”對曰：“百姓足, 君孰與不足? 百姓不足, 君孰與足?”

子張問崇德辨惑. 子曰：“主忠信, 徙義, 崇德也. 愛之欲其生, 惡之欲其死. 既欲其生, 又欲其死, 是惑也. 誠不以富, 以祇以異.”

齊景公問政於孔子. 孔子對曰：“君君, 臣臣, 父父, 子子.” 公曰：“善哉! 信如君不君, 臣不臣, 父不父, 子不子, 雖有粟, 吾得而食諸?”

子曰：“片言可以折獄者, 其由也與? 子路無宿諾.”

子曰：“聽訟, 吾猶人也, 必也使無訟乎.”

子張問政. 子曰：“居之無倦, 行之以忠.”

子曰：“博學於文, 約之以禮, 亦可以弗畔矣夫.”

子曰：“君子成人之美, 不成人之惡. 小人反是.”

季康子問政於孔子. 孔子對曰：“政者正也, 子帥以正, 孰敢不正.”

季康子患盜, 問與孔子. 孔子對曰：“苟子之不欲, 雖賞之不竊.”

季康子問政於孔子曰：“如殺無道, 以就有道, 何如?” 孔子對曰：“子爲政, 焉用殺. 子欲善, 而民善矣. 君子之德風, 小人之德草, 草上之風, 必偃.”

子張問：“士何如, 斯可謂之達矣.” 子曰：“何哉, 爾所謂達者?” 子張對曰：“在邦必聞, 在家必聞.” 子曰：“是聞也, 非達也. 夫達也者, 質直而好義, 察言而觀色, 慮以下人. 在邦必達, 在家必達. 夫聞也者, 色取仁而行違, 居之不疑, 在邦必聞, 在家必聞.”

樊遲從遊於舞雩之下, 曰：“敢問崇德修慝辨惑?” 子曰：“善哉問. 先事後得, 非崇德與? 攻其惡, 無攻人之惡, 非修慝與? 一朝之忿, 忘其身以及其親, 非惑與?”

樊遲問仁. 子曰：“愛人.” 問知. 子曰：“知人.” 樊遲不達, 子曰：“舉直錯諸枉, 能使枉者直.” 樊遲退, 見子夏曰：“向也吾見於夫子而問知, 子曰：舉直錯諸枉, 能使枉者直. 何謂也?” 子夏曰：“富哉言乎! 舜有天下, 選於眾, 舉皋陶, 不仁者遠矣. 湯有天下, 選於眾, 舉伊尹, 不仁者遠矣.” 子貢問友. 子曰：“忠告而善道之, 不可則止, 無自辱焉.”

曾子曰：“君子以文會友, 以友輔仁.”

제13편 자로(子路)

■ 先之勞之
_{선 지 노 지}

앞서 일하고 노력하라.

{국민의 앞장을 서서 국민을 위해 힘껏 노력한다. 이것이 위정자의 마음가짐이다.}

■ 吾不如老農
_{오 불 여 노 농}

나는 농사일에 대해서는 늙은 농부만 못하다.

{공자는 농사일은 나보다는 늙은 농부에게 듣는 것이 좋다고 했다. 곧 사람에게는 제각기 본분이 있는 법이다.}

■ 雖多亦奚以爲
_{수 다 역 해 이 위}

비록 많다고 한들 또한 어찌 그렇게 여기겠는가?

*亦 ; 또한. 奚 ; 어찌.

{쓸모가 없는 것은 아무리 많이 있어도 소용이 없다. 아무리 많은 학문을 닦아도 실용(實用)에 도움이 되지 않는 학문은 아무 쓸모가 없다.}

■ 旣^기庶^서矣^의 又^우何^하加^가焉^언 旣^기富^부矣^의 又^우何^하加^가焉^언 曰^왈敎^교之^지

백성은 충분히 늘어 있고 또 부(富)해서 생활이 안정되어 있습니다. 이 위에 무엇을 할 것이 있습니까. 그렇다면 그 다음은 백성을 교육하는 일이다.

*旣 ; 이미, 원래. 庶 ; 여러, 많다.

【故事】공자가 위나라에 갔을 때 염유가 마차를 몰았는데, 공자가 말했다. "위나라 백성이 많구나!" 그러자 염유가 "백성이 많아지면 어떻게 해야 합니까?" 하고 물었다. 공자가 답하기를, "그들을 부유하게 해야 한다." 염유가 다시 물었다. "부유해지고 나면 어떻게 해야 합니까?" 공자가 대답했다. "그들을 교육하는 일이다."

■ 不^불能^능正^정其^기身^신 如^여正^정人^인何^하

위정자가 자기 자신을 바르게 하지 못하고 어찌 사람을 바르게 할 수가 있겠는가.

■ 一^일言^언而^이可^가而^이興^흥邦^방

말 한 마디가 나라를 부흥시킨다.

*興 ; 일어나다. 邦 ; 나라.

【故事】노(魯)나라의 정공(定公)과 공자와의 대화 내용이다. 정공이 묻기를, "한 마디 말로 나라를 흥하게 할 수 있다는데, 그런 말이 정말 있습니까?(一言而可以興邦 有諸)"

공자가 대답했다. "말이란 그렇게 한 마디로 그 뜻을 나타낼 수 없거니와, 사람들이 하는 말 가운데 『임금 노릇하기도 어렵고 신하 노릇하기도 쉽지 않다.』는 말이 있습니다. 만일 임금 노릇하기가 어렵다는 것을 안다면 그 한 마디가 나라를 흥하게 하는 데 가깝지 않겠습니까?"

■ 爲君難 爲臣不易
_{위 군 난   위 신 불 이}

임금으로서 천직을 다하기도 어렵고, 또한 신하로서 그 책무를 다하기도 쉽지 않다.

■ 言不可以若是其幾也
_{언 불 가 이 약 시 기 기 야}

말로써 그와 같이 될 것이라고 할 수는 없다.

*幾 ; 기미, 낌새, 조짐.

{말이라는 것은 그것이 꼭 그렇게 될 것이라고 확정적으로 예측할 수 없다.}

■ 近者說 遠者來

가까운 사람을 기쁘게 하면 멀리 있는 사람까지 찾아온다. *說 ; 기뻐하다, 말씀.

【名言】근열원래(近說遠來) ; 좋은 정치의 덕이 널리 미침. 가까운 주변 사람들이 기뻐하면 멀리 있는 사람들도 소식을 듣고 그 나라에 귀의하는 법이다.

춘추시대 공자가 위(衛)·조(曹)·송(宋)·정(鄭)·진(陣)·채(蔡) 등 여러 나라를 돌아보고 초(楚)나라에 들렀을 때였다. 어느 날, 초나라의 대부 심저량(沈諸梁)이 공자에게 정치를 어떻게 하면 좋으냐고 물었다. 그러자 공자는, "가까이 있는 사람들이 기뻐하면 먼 곳에 있는 사람들이 오게 되지요(近者悅 遠者來)."라고 간단히 대답하였다.

『근열원래』는 바로 공자가 말한 『근자열 원자래(近者悅 遠者來)』가 줄어서 이루어진 말인데, 이 말의 뜻은 경내의 백성들을 이롭게 하여 그들이 기뻐하도록 하면 멀리 떨어진 경외의 사람들도 소문에 이끌리게 되어 찾아와 의지한다는 것이다.

나중에 사람들은 『근열원래』라는 말로써 한 나라나 한 지방이 잘 다스려지는 것을 비유하게 되었다.

■ 慾速則不達 見小利則大事不成
<small>욕 속 즉 부 달　견 소 리 즉 대 사 불 성</small>

　빨리 하고자 하면 이르지 못하고, 작은 이익을 보면 큰일이 이루어지지 않는다.

　*慾 ; 욕구, 욕심.

　【名言】욕속부달(欲速不達) ; 제자 자하(子夏)가 거보(莒父)라는 고을의 장관이 되자, 공자를 찾아와 정치하는 방법을 물었다. 그러자 공자는 이렇게 말했다.

　"빨리 하려 하지 말고 작은 이익을 보지 말라. 빨리 하려 하면 일이 잘 되지 않고, 작은 이익을 보면 큰 일이 이루어지지 않는다(無欲速 無見小利 欲速則不達 見小利則大事不成)."

　큰일이든 작은 일이든 마음이 조급하면 제대로 되지 않는다.『욕속(欲速)』은 빨리 하는 행동을 말하는 것이 아니고, 얼른 성과를 올리려는 성급한 마음을 말한 것이다. 마음은 천근처럼 늘어지고 행동은 빨라야만 좋은 성과를 올릴 수 있다. 특히 정치는 근본문제를 장기적으로 다뤄야 하기 때문에 단순한 명령이나 법률로써 효과를 보려 하면 혼란만 초래하게 된다.

　더디더라도 서서히 한 가지씩 올바르게 고쳐 나가야만

비로소 바라는 성과를 얻게 되는 것이다. 큰일을 하는 사람
이 눈앞에 보이는 작은 이익에 눈을 돌리면 큰일을 할 수
없게 된다. 정치하는 사람은 원대한 포부를 가지고 장기적
인 투자를 하지 않는 한 좋은 꽃과 열매를 얻지 못한다.

공자는, 자하가 눈앞에 보이는 빠른 효과와 작은 이익에
집착하는 성격을 가지고 있기 때문에 이같이 말한 것인데,
사람은 대부분 이 같은 결점을 지니고 있다. 『욕속부달』이
니 『욕교반졸(欲巧反拙)』이니 하는 말은 흔히 쓰이는 말
이다.

너무 서두르면 도리어 일이 진척되지 않는 것이 『욕속부
달』이고, 너무 좋게 만들려다가 오히려 그대로 둔 것만 못
한 결과를 가져오게 되는 것이 『욕교반졸』이다.

■ 其父攘羊而子證之…… 父爲子隱 子爲父隱
기 부 양 양 이 자 증 지   부 위 자 은 자 위 부 은

자기 아버지가 양을 훔쳤는데 아들이 그것을 증언했
다.……아버지는 아들을 위하여 숨겨주고 아들은 아버지를
위하여 숨겨준다.

*攘 ; 물리치다, 가로채다. 隱 ; 숨기다.

{아비의 죄를 폭로하는 행위는 정직한 일이기는 하나, 칭

찬할 일은 못 된다. 아비는 자식의 죄를 숨겨주고 자식은
아비의 죄를 숨긴다. 이것이 인간의 정이다. 인간의 정이야
말로 자기의 진정을 속이지 않는 마음이다.}

【名言】 자위부은(子爲父隱) ; 아버지는 자식을 위해 숨겨
주고, 자식은 아버지를 위해 숨겨준다는 뜻으로, 부자지간
의 천륜(天倫)을 이르는 말.

초(楚)나라의 너무 정직한 직궁(直躬)이란 사람이 양(羊)
을 훔친 제 아비를 고발하여 스스로 증인이 되더라는 이야
기에서 나온 말이다.

섭공이 공자에게 말했다. "우리 마을에 곧은 사람이 있
습니다. 자기 아버지가 양을 훔쳤는데 아들이 그것을 증언
했습니다."

그러자 공자가 말했다. "어버이는 그 자식을 위해 숨기고,
자식은 어버이를 위해 숨기니, 정직이란 그런 부자간의 사랑
속에 있어야 합니다(父爲子隱 子爲父隱 直在其中矣)."

직궁이 아비 잘못의 증인이 됨에 대하여, 지나치게 정직
함은 오히려 정도(正道)에 어긋남을 이르는 말이다. 여기서
『직궁증부(直躬證父)』라는 성어도 생겨났다. 가족 간의
애정과 연대감을 중요시하는 대목으로 유교와 법률의 차이
점을 나타내고 있다.

■ 行己有恥 使於四方 不辱君命

자신의 행동에 대하여 염치가 있고, 사명을 띠고 사방으로 나갔을 때 임금의 사명을 욕되게 하지 않으면 선비라고 할 수 있다. 자공(子貢)이 선비(士)는 어떤 사람을 말하는 것이냐고 물은 데 대해 공자는 이렇게 답했다.

*恥 ; 염치.

■ 言必信 行必果

말에는 신의가 있어야 하고, 행동에는 결과가 있어야 한다.

{자공이 선비에 대해 물었다. 공자는, 행동함에 있어 염치가 있어야 하고, 사방에 사신으로 가서 임금의 명을 욕되지 않게 하면 가히 선비라 할 수 있다고 하였다.}

■ 人而無恒 不可而作巫醫

항심(恒心)이 없는 사람은 천한 의사나 무당노릇도 할 수 없다.

*恒 ; 언제나, 늘. 巫 ; 무당. 醫 ; 의원.

{사람은 변하지 않는 지조가 필요하다. 지조가 없는 자는 무당이나 의사라도 고칠 수 없다. 공자가 인용한 남방인(南方人)의 말.}

군 자 화 이 부 동　소 인 동 이 불 화
■ **君子和而不同 小人同而不和**

군자는 서로 다르지만, 서로 다름을 인정하고 화합하지만, 소인은 서로 같은 듯 무리지어 다니지만 어울리지 못한다.

　*和 ; 상대가 나와 다를지라도 상대의 생각도 존중해줌. 同 ; 이를 추구하기 위한 자신의 주관을 버리고 상대방과 동화함.

　{군자는 남과 화합은 하지만 뇌동(雷同)은 하지 않는다. 그러나 소인은 그 반대다. 이 문장에서 화(和)와 동(同)에 대한 해석이 중요하다. 화(和)를 『공존』, 『다양성 인정』으로, 동(同)을 『불관용』, 『나와 같아야 한다는 것』으로 해석한다.}

불 여 향 인 지 선 자 호 지　기 불 선 자 오 지
■ **不如鄕人之善者好之 其不善者惡之**

동네 사람 중에 착한 자가 좋아하고, 불선한 자가 싫어하는 것만 못하다.

{자공이 물었다. "동네 사람들이 다 좋아하면 어떻습니까?" 공자가 말했다. "괜찮다고 말할 수 없다." 자공이 물었다. "동네 사람들이 다 미워하는 사람은 어떻습니까?" 공자가 말했다. "괜찮다고 말할 수 없다. 동네 사람 중에 착한 자가 좋아하고, 불선한 자가 싫어하는 것만 못하다."}

급 기 사 인 야　　구 비 언
■ 及其使人也　求備焉

사람을 쓰면서 그 한 사람이 모든 걸 갖출 것을 요구한다.

*及 ; 이르다. 미치다. 備 ; 갖추다.

{사람에게는 제각기 지닌 능력이 있다. 한 사람에게 모든 것을 요구한다는 것은 잘못된 일이다. 중요한 것은 그 그릇에 알맞게 써야 한다.}

군 자 태 이 불 교　　소 인 교 이 불 태
■ 君子泰而不驕　小人驕而不泰

군자는 너그럽지만 교만하지 않고, 소인은 교만하고 너그럽지 못하다.

*泰 ; 편안하다. 驕 ; 교만하다, 무례하다.

{군자는 늠름하고 유연하며 교만하지 않는 법이다.}

■ 剛毅木訥近仁
<small>강 의 목 눌 근 인</small>

강하고, 굳세고, 질박하고, 어눌함은 인(仁)에 가깝다.

*剛 ; 강하다. 毅 ; 굳세다. 木 ; 질박하다. 訥 ; 어눌하다.

{『강(剛)』은 강직, 『의(毅)』는 과감, 『목(木)』은 순박, 『눌(訥)』은 어둔(語鈍)을 말한다. 강직하고 과감하고 순박하고 어둔한 사람은 자기 본심 그대로를 지니고 있는 사람이다. 꾸미거나 다듬거나 하는 것이 비위에 맞지 않는 안팎이 없는 사람이다. 그런 사람이 남을 속이거나 하는 일은 없다. 있어도 그것은 자기 본심에서가 아니다. 그러므로 그 자체가 『인(仁)』일 수는 없지만, 역시 『인(仁)』에 가깝다고 볼 수 있다.

의지가 굳고, 용기(勇氣)가 있으며, 꾸밈이 없고, 말수가 적은 사람은 인자(仁者)에 가까운 사람이다. 『교언영색(巧言令色)』과는 반대되는 말이다.}

子路篇 第十三

子路問政. 子曰：“先之, 勞之.” 請益. 子曰：“無倦.”

仲弓爲季氏宰, 問政. 子曰：“先有司, 赦小過, 舉賢才.”曰：“焉知賢才而舉之?”曰：“舉爾所知, 爾所不知, 人其舍諸?”

子路曰：“衛君待子而爲政, 子將奚先?”子曰：“必也正名乎.”子路曰：“有是哉, 子之迂也. 奚其正?”子曰：“野哉由也. 君子於其所不知, 蓋闕如也. 名不正則言不順, 言不順則事不成, 事不成則禮樂不興, 禮樂不興則刑罰不中, 刑罰不中則民無所措手足. 故君子名之必可言也, 言之必可行也. 君子於其言, 無所苟而已矣.”

樊遲請學稼, 子曰：“吾不如老農.” 請學爲圃, 曰：“吾不如老圃.”樊遲出, 子曰：“小人哉, 樊須也. 上好禮, 則民莫敢不敬；上好義, 則民莫敢不服；上好信, 則民莫敢不用情. 夫如是, 則四方之民, 繈負其子而至矣. 焉用稼?”

子曰：“誦詩三百, 授之以政, 不達, 使於四方, 不能專對, 雖多, 亦奚以爲?”

子曰：“其身正, 不令而行；其身不正, 雖令不從.”

子曰：“魯衛之政, 兄弟也.”

子謂衛公子荊：“善居室, 始有, 曰苟合矣；少有, 曰苟完矣；富有, 曰苟美矣.”

子適衛, 冉有仆, 子曰：“庶矣哉.”冉有曰：“既庶矣, 又何加焉?”曰：“富之.”曰：“既富矣, 又何加焉?”曰：“教之.”

子曰：“苟有用我者, 期月而已可也, 三年有成.”

子曰：“善人爲邦百年, 亦可以勝殘去殺矣. 誠哉, 是言也.”

子曰：“如有王者, 必世而後仁.”

子曰：“苟正其身矣, 於從政乎何有? 不能正其身, 如正人何?”

冉子退朝, 子曰：“何晏也?”對曰：“有政.”子曰：“其事也如有政, 雖不吾以, 吾其與聞之.”

定公問：“一言而可以興邦, 有諸?” 孔子對曰：“言不可以若是其幾也. 人之言曰：爲君難, 爲臣不易. 如知爲君之難也, 不幾乎一言而興邦乎?”曰：“一言而喪邦, 有諸?”孔子對曰：“言不可以若是其幾也. 人之言曰：予無樂乎爲君, 唯其言而莫予違也. 如其善而莫之違也, 不亦善乎? 如不善而莫之違也, 不幾乎一言而喪邦乎?”

葉公問政. 子曰：“近者說, 遠者來.”

子夏爲莒父宰, 問政. 子曰：“無欲速, 無見小利, 欲速則不達, 見小利則大事不成."

葉公語孔子曰："吾黨有直躬者, 其父攘羊, 而子證之." 孔子曰："吾黨之直者異於是, 父爲子隱, 子爲父隱, 直在其中矣."

樊遲問仁. 子曰："居處恭, 執事敬, 與人忠, 雖之夷狄, 不可棄也."

子貢問曰："何如斯可謂之士矣?" 子曰："行己有恥, 使於四方, 不辱君命, 可謂士矣." 曰："敢問其次." 曰："宗族稱孝焉, 鄕黨稱悌焉." 曰："敢問其次." 曰："言必信, 行必果, 硜硜然小人哉, 抑亦可以爲次矣." 曰："今之從政者何如?" 子曰："噫! 斗筲之人, 何足算也."

子曰："不得中行而與之, 必也狂狷乎! 狂者進取, 狷者有所不爲也."

子曰："南人有言曰：人而無恒, 不可以作巫醫. 善夫!" 不恒其德, 或承之羞. 子曰："不占而已矣."

子曰："君子和而不同, 小人同而不和."

子貢問曰："鄕人皆好之, 何如?" 子曰："未可也." "鄕人皆惡之, 何如?" 子曰："未可也. 不如鄕人之善者好之, 其不善者惡之."

子曰："君子易事而難說也. 說之不以其道, 不說也；及其使人也, 器之. 小人難事而易說也. 說之雖不以道, 說之 ; 及其使人也, 求備焉."

子曰 : "君子泰而不驕, 小人驕而不泰."

子曰 : "剛毅木訥, 近仁."

子路問曰 : "何如斯可謂之士矣?" 子曰 : "切切、緦緦、怡怡如也, 可謂士矣. 朋友切切緦緦, 兄弟怡怡."

子曰 : "善人教民七年, 亦可以戒戎矣."

子曰 : "以不教民戰, 是謂棄之."

제14편 헌문(憲問)

邦有道穀 邦無道穀恥也

나라에 도가 행해지고 있으면 그곳에서 녹(祿)을 받는다.
나라에 도가 행해지지 않는데 녹을 받는 것은 부끄러운 일
이다. *穀 ; 곡식, 녹미(祿米).

士而懷居 不足以爲士矣

선비가 만약 편안하게 지낼 것을 생각한다면 선비라고
하기에 부족하다. *懷 ; 품다, 마음, 생각.

{지위만 생각하고 직무를 소홀히 하는 자는 선비라 할 수
가 없다. 거(居)는 지위.}

有德者必有言 有言者不必有德
仁者必有勇 勇者不必有仁

덕 있는 사람이 하는 말은 반드시 도리에 맞지만, 말을
앞세우는 사람에게는 반드시 덕이 있는 것이 아니다. 인자
(仁者)는 반드시 용기가 있지만, 용자(勇者)가 반드시 인

(仁)이 있는 것은 아니다. *勇 ; 날쌔다, 과감하다.

{공자가 덕(德)과 인(仁)을 설명한 데서 나온 말이다. 공자가 말했다. 이는 말하기 위한 말은 참말이 되지 못하며, 용기를 위한 용기는 참 용기가 아니라는 뜻으로 풀이된다. 공자는 말과 덕이 일치하고 어짊과 용기가 구비되는 사람이 진실로 덕이 있는 사람임을 정의한 것이다.}

■ 貧而無怨難 富而無驕易

가난하며 원망하지 않기 어렵고, 부자이면서 교만하지 않기 또한 쉬운 일이 아니다. *驕 ; 교만하다, 무례하다.

{가난하면 세상을 원망하고 다른 사람을 탓하기 쉽다. 가난해도 원망하지 않기는 어려운 일이다. 그것은 부자가 되어서 교만을 억제하기보다 더 어려운 일이다.}

■ 見利思義 見危授命

이로움을 보면 의(義)를 생각하고, 위태로움을 보면 목숨을 바친다. *授 ; 주다, 받다.

【名言】견위수명(見危授命) ; 자로(子路)가 공자에게 성인(成人)에 대해 묻자, 공자는 지혜와 청렴과 용기, 그리고

재예(才藝), 예악(禮樂)을 두루 갖춘 사람이 성인이라고 대답하면서 이렇게 덧붙였다.

"그러나 오늘의 성인이 어찌 반드시 그렇겠는가? 이로움을 보면 의(義)를 생각하고, 위태로움을 보면 목숨을 바치며, 오래 전의 약속을 평생의 말로 여겨 잊지 않는다면 또한 마땅히 성인이라 할 수 있다(今之成人者 何必然 見利思義 見危授命 久要 不忘平生之言 亦可以爲成人矣)."

공자는 여기서 지금의 성인은 옛날의 성인에는 미치지 못하지만, 위의 세 가지 요건만 갖추면 성인이라 할 만하다는 뜻으로 말한 것이다. 여기서 유래한 『견위수명』은 이후 나라를 위해서는 목숨도 아낌없이 바치는 충신을 일컫는 용어로 쓰였다.

여기서 "이로움을 보면 의(義)를 생각한다"는 『견리사의(見利思義)』와 『견위수명』은 뜻이 통하는 말이다.

■ 勿欺也 而犯之

임금을 섬기는 데는 진심으로 하라. 거짓으로 속이지 말고, 눈치를 보지 말고, 바른 말로써 충언하라.

*犯之 ; 범안(犯顔), 곧 임금이 언짢아함을 무릅쓰고 바른

말로 간(諫)하는 것.

{자로가 임금을 섬기는 일에 관하여 묻자, 공자가 말하기를, "속이지 말고 임금이 언짢아함을 무릅쓰고 바른 말로 간하라."라고 했다.}

■ 不在其位　不謀其政
부 재 기 위　불 모 기 정

그 자리에 있지 않으면 그 정사에 관여하지 않는다.

*謀 ; 꾀하다.

■ 君子思不出其位
군 자 사 불 출 기 위

군자는 생각함에 있어 자기 직위 범위를 넘지 않는다.

{군자는 자기의 처지에 충실함과 동시에 남의 영역을 침범해서 쓸데없이 간섭하거나 말참견하는 것을 삼가야 한다. 증자(曾子)가 한 말.}

■ 君子恥其言　而過其行
군 자 치 기 언　이 과 기 행

자신의 말이 자신의 행동을 지나치는 것을 부끄럽게 여긴다.

{군자는 자기가 말한 것이 지나친 것을 부끄러워해야 한
다. 실행하지 않는 말을 삼가고, 말 이상으로 실천하도록 힘
쓴다.}

■ 知者不惑 勇者不懼
지 자 불 혹 용 자 불 구

지자(知者)는 미혹(迷惑)하지 않고, 용자(勇者)는 두려
위하지 않는다.

{지혜가 있는 사람은 도리를 알고 사물을 꿰뚫어보는
힘이 있으므로 사물에 대하여 미혹하는 일이 없고, 용
기 있는 사람은 과감하게 행동하므로 어떠한 사태에도
기가 죽지 않는다. 지덕(知德)·인덕(仁德)·용기 그 각
각의 덕의 의의를 간명하게 서술한 말의 한 구절이다.}

■ 不逆詐 不億不信
불 역 사 불 억 불 신

남이 나를 속일까 미리 짐작하지 않고, 남이 나를 믿어주
지 않을까 억측하지 말라. *詐 ; 속이다. 億 ; 헤아리다.

{공자가 말했다. "상대방이 자기를 속일 것이라고 지레
짐작하지도 않고, 상대방이 미덥지 않을 것이라고 억측하지
도 않지만, 그래도 미리 깨닫는 사람이 현명하다(不逆詐 不

億不信 抑亦先覺者 是賢乎)."}

■ 驥不稱其力 稱其德也

천리마는 그 힘으로 칭송되는 것이 아니고, 그 선량한 덕성으로 칭송되는 것이다. *驥 ; 천리마. 稱 ; 칭찬하다.

{사람도 재주만 있어서는 안 되고, 그에 따르는 덕이 있어야 남의 존경을 받을 수 있다.}

■ 何以報德 以直報怨 以德報德

그렇게 하면 무엇으로 은덕을 갚을 것인가? 공정함으로 원망을 갚고, 은덕으로 은덕을 갚아야 한다. *報 ; 갚다.

【名言】이덕보원(以德報怨) ; 덕으로 원한을 갚는다는 뜻으로, 원한이 있는 사람에게 은혜를 베푼다는 의미다.

어떤 사람이 말했다. "은덕으로 원한을 갚으면 어떻습니까(以德報怨 何如)?"

공자가 말했다. "그렇게 하면 무엇으로 은덕을 갚을 것인가? 공정함으로 원망을 갚고 은덕으로 은덕을 갚아야 한다(何以報德 以直報怨 以德報德)."

공자의 도는 사람으로부터 멀지 않아서 지극한 사람의

감정을 따르고 공정한 사람의 도리를 따라 사람으로 하여금 행할 수 있게 할 뿐이다. 공자가 수준 높은 말을 할 수 없었던 것이 아니다. 아무리 높고 깊이가 있더라도 한두 사람만이 행할 수 있어서 모든 사람이 함께 행할 수 없다면 큰 도가 될 수가 없다. 그래서 공자는 그런 말을 하지 않았다.

예수는 인이 지나쳐 은덕으로 원망을 갚으라고 하였고, 어떤 사람은 이 때문에 그를 존경하기도 하지만, 실제로는 행할 수 없다.

■ 不怨天 不尤人
불 원 천 불 우 인

하늘을 원망하지 마라! 남을 탓하지 마라.

*尤 ; 탓하다.

{고난이나 역경을 만나더라도 하늘이나 다른 사람을 원망하지 않고 제 분수를 지켜 자기발전과 향상을 꾀한다.

노년의 공자가 말했다. "세상에는 자신을 알아주는 이 없지만 하늘을 원망하고 사람을 탓하지 않으면 자신의 높은 학식은 하늘이 알아줄 것이다(不怨天 不尤人 下學而上達 知我者 其天乎)." 하고 탄식했다.

■ 下學而上達
하 학 이 상 달

아래를 배워 위에 달한다.

【名言】하학이상달(下學而上達) ; 자하(子夏)는 이렇게 말하고 있다. "남의 착한 것을 착하게 여기기를 어여쁜 이성(異性 ; 色)을 어여쁘게 생각하듯 하며, 부모를 힘을 다해 섬기고, 임금을 몸을 바쳐 섬기며, 친구와 말하여 진실 됨이 있으면, 비록 배우지 못했다 말하더라도 나는 반드시 배웠다고 말한다."

즉 세상 사람들이 말하는 공부보다도 실천을 통한 수양이 참다운 배움이란 것을 강조한 것이다. 또 공자도 말하기를, "먹는 데 배부른 것을 찾지 않고(食無求飽), 거처하는 데 편한 것을 찾지 않으며(居無求安), 일에 민첩하고 말에 조심하여 도(道) 있는 사람에게 나아가 옳고 그른 것을 바로 잡으면 배움을 좋아한다고 말 할 수 있다."고 했다.

모두가 생활을 통한 향상을 배움이라고 하고 있는 것이다. 즉 유교(儒敎)는 행동을 통해 하늘을 아는 종교이다. 불교와 같은 사색(思索)을 위주로 진리를 깨치는 것이 아니다. 그러나 유교는 행동을 위주로 하는 관계로 속세적인 현실주의로 타락하는 경향을 띠고 있다. 즉 하학이 주가 되고

상달이 무시되고 있는 것이다. 그래서 공자는 자신을 가리 켜, "하늘을 원망하지 않고 사람을 허물하지 않으며, 밑으 로 배워 위로 통달하니 나를 아는 사람은 하늘뿐이다(不怨 天 不尤人 下學而上達 知我者 其天乎)."라고 했다.

공자는 진리를 스스로 깨달아 알게 할 뿐, 알지 못하는 사람에게 이를 굳이 알리려 하는 일은 없었다. 『하학이상 달』은 밑에서부터 차츰 배워 올라가서 위에까지 도달한다 는 뜻이다. 그것은 일상생활을 올바로 함으로써 자연 오묘 한 우주의 진리까지 깨치게 된다는 뜻이 된다. 『학(學)』 은 지식을 배우는 글공부 같은 것을 말하는 것이 아니다. 자기가 옳다고 생각하는 것을 실천하는 공부를 말한다.

■ 知我者其天乎
지 아 자 기 천 호

나를 알아주는 것은 하늘뿐이다.

【名言】지아자기천호(知我者其天乎) ; "하늘이나 나를 알아주지." 라는 의미의 말이다.

공자가 제자들이 있는 앞에서 혼자 이렇게 탄식을 했다. "나를 알아줄 사람이 없구나(莫我知也夫)."

그러자 자공(子貢)이 물었다. "어째서 선생님을 아는 사람이 없다고 하십니까?"

"하늘을 원망하지 않고(不怨天), 사람을 탓하지 않으며 (不尤人), 아래로부터 배워 위로 통하니(下學上達), 나를 아는 사람은 다만 하늘뿐이다(知我者其天乎)."

물론 공자는 자공의 질문을 받기 위해 짐짓 그 같은 탄식을 했고, 이 대답을 해주기 위해 그런 질문을 유도했던 것이다. 사람이 알지 못하는 보다 깊은 것이 있다는 것을 자공에게 일러주어, 그로 하여금 더욱 정진하도록 하려는 의도였을 것이다. 하늘을 원망하지 않고 사람을 탓하지 않는다는 것은 성인이 아니면 되지 않는 일이다. 더구나 공자는 세상 일이 자기 뜻대로 되는 것이 하나도 없었던 불행하고 불운한 사람이었다.

가는 곳마다 기대했던 일이 이뤄지지 않았고, 때로는 뜻하지 않은 방해와 박해까지 받았었다. 그런 공자가 하늘을 원망하지 않고 사람을 탓하지 않는다는 것은 아무리 선생에게 배웠고, 선생을 존경하는 제자라도 믿어지지 않는 일이다. 자공만은 알 수도 있었기 때문에 이렇게 깨우쳐 준 것이리라.

오늘날은 이 말이 좀 가벼운 뜻으로 쓰이고 있다. 우리말에, "버선목 같으면 뒤집어라도 보이지." 하는 말이 있다.

그런 심정을 좀 고상하게 표현한 것이 아마도 "하늘이나 나를 알아주지." 라는 말일 것이다. 그것이 바로 공자의 말이요, 누구나 할 수 있는 말이다.

■ 道之將行也與 命也 道之將廢也與 命也
도지장행야여 명야 도지장폐야여 명야

도가 장차 행해지는 것도 명이고, 도가 장차 폐해지는 것도 명이다.   *命 ; 천명(天命).

{정도(正道)가 행해지는 것도 천명이고, 정도가 없어지는 것도 천명인데, 한 개인이 천하사를 어찌할 수는 없는 것이다.}

■ 上好禮 則民易使也
상호례 즉민이사야

윗자리에 있는 사람이 예(禮)를 좋아하면 백성들은 부리기 쉽다.

{부모를 섬길 때에는 기색(氣色)을 삼가지 않으면 효도를 할 수 없게 된다. 색(色)은 단지 얼굴색만이 아니고 태도, 언행 등 모든 것을 말하는 것이다.}

憲問篇 第十四

憲問恥. 子曰 : "邦有道, 穀. 邦無道, 穀, 恥也."

"克伐怨欲, 不行焉, 可以爲仁矣?" 子曰 : "可以爲難矣. 仁, 則吾不知也."

子曰 : "士而懷居, 不足以爲士矣."

子曰 : "邦有道, 危言危行, 邦無道, 危行言孫."

子曰 : "有德者必有言, 有言者不必有德 ; 仁者必有勇, 勇者不必有仁."

南宮適問於孔子曰 : "羿善射, 奡盪舟, 俱不得其死然, 禹稷耕稼, 而有天下." 夫子不答. 南宮適出, 子曰 : "君子哉若人, 尚德哉若人."

子曰 : "君子而不仁者有矣夫, 未有小人而仁者也."

子曰 : "愛之能勿勞乎? 忠焉能無誨乎?"

子曰 : "爲命, 裨諶草創之, 世叔討論之, 行人子羽修飾之, 東裏子産潤色之."

或問子産. 子曰 : "惠人也." 問子西. 曰 : "彼哉彼哉." 問管仲. 曰 : "人也奪伯氏駢邑三百, 飯疏食, 沒齒, 無怨言."

子曰 : "貧而無怨難, 富而無驕易."

子曰 : "孟公綽, 爲趙魏老則優, 不可以爲滕薛大夫."

子路問成人. 子曰 : "若臧武仲之知, 公綽之不欲, 卞莊子之勇, 冉求之藝, 文之以禮樂, 亦可以爲成人矣." 曰 : "今之成人者何必然. 見利思義, 見危授命, 久要不忘平生之言, 亦可以爲成人矣."

子問公叔文子於公明賈曰 : "信乎夫子不言不笑不取乎." 公明賈對曰 : "以告者過也, 夫子時然後言, 人不厭其言. 樂然後笑, 人不厭其笑. 義然後取, 人不厭其取." 子曰 : "其然. 豈其然乎!"

子曰 : "臧武仲, 以防求爲後於魯, 雖曰不要君, 吾不信也."

子曰 : "晉文公譎而不正, 齊桓公正而不譎."

子路曰 : "桓公殺公子糾, 召忽死之, 管仲不死. 曰 : 未仁乎?" 子曰 : "管仲九合諸侯, 不以兵車, 管仲之力也. 如其仁, 如其仁!"

子貢曰 : "管仲非仁者與? 桓公殺公子糾, 不能死, 又相之." 子曰 : "管仲相桓公, 霸諸侯, 一匡天下, 民到於今受其賜. 微管仲, 吾其披髮左衽矣. 豈若匹夫匹婦之爲諒也, 自經於溝瀆, 而莫之知也."

公叔文子之臣大夫僎, 與文子同升諸公, 子聞之曰 : "可以爲文矣."

子言衛靈公之無道也, 康子曰 : "夫如是, 奚而不喪?" 孔子曰：“仲叔圉治賓客, 祝鮀治宗廟, 王孫賈治軍旅, 夫如是, 奚其喪?”

子曰：“其言之不怍, 則爲之也難.”

陳成子弑簡公, 孔子沐浴而朝, 告於哀公曰：“陳恒弑其君, 請討之.”公曰：“告夫三子.” 孔子曰：“以吾從大夫之後, 不敢不告也.”君曰：“告夫三子者.”之三子告, 不可. 孔子曰：“以吾從大夫之後, 不敢不告也.”

子路問事君, 子曰：“勿欺也, 而犯之.”

子曰：“君子上達, 小人下達.”

子曰：“古之學者爲己, 今之學者爲人.”

蘧伯玉使人於孔子, 孔子與之坐而問焉, 曰：“夫子何爲?”對曰：“夫子欲寡其過而未能也.”使者出, 子曰：“使乎使乎!”

子曰：“不在其位, 不謀其政.”

曾子曰：“君子思不出其位.”

子曰：“君子恥其言而過其行.”

子曰：“君子道者三, 我無能焉. 仁者不憂, 知者不惑, 勇者不懼.” 子貢曰：“夫子自道也.”

子貢方人, 子曰：“賜也賢乎哉, 夫我則不暇.”

子曰：“不患人之不己知, 患其不能也.”

子曰：“不逆詐，不億不信，抑亦先覺者，是賢乎!”

微生畝謂孔子曰：“丘何爲是棲棲者與？ 無乃爲佞乎?”孔子曰：“非敢爲佞也，疾固也.”

子曰：“驥不稱其力，稱其德也.”

或曰：“以德報怨，何如?”子曰：“何以報德? 以直報怨，以德報德.”

子曰：“莫我知也夫!” 子貢曰：“何爲其莫知子也?”子曰：“不怨天，不尤人，下學而上達，知我者其天乎!”

公伯寮訴子路於季孫，子服景伯以告曰：“夫子固有惑志於公伯寮，吾力猶能肆諸市朝.”子曰：“道之將行也與，命也；道之將廢也與，命也. 公伯寮其如命何!”

子曰：“賢者辟世，其次辟地，其次辟色，其次辟言.”

子曰：“作者七人矣.”

子路宿於石門，晨門曰：“奚自?”子路曰：“自孔氏.”曰：“是知其不可而爲之者與?”

子擊磬於衛，有荷蕢而過孔氏之門者，曰：“有心哉，擊磬乎?” 既而曰：“鄙哉，硜硜乎. 莫己知也，斯已而已矣. 深則厲，淺則揭.”子曰：“果哉，末之難矣.”

子張曰：“書云：高宗諒陰，三年不言. 何謂也?”子曰：“何必高宗，古之人皆然. 君薨，百官總己以聽於冢宰，三年.”

子曰 : "上好禮, 則民易使也."

子路問君子. 子曰 : "修己以敬." 曰 : "如斯而已乎?" 曰 : "修己以安人." 曰 : "如斯而已乎?" 曰 : "修己以安百姓. 修己以安百姓, 堯舜其猶病諸?"

原壤夷俟, 子曰 : "幼而不孫悌, 長而無述焉, 老而不死, 是爲賊." 以杖叩其脛.

闕黨童子將命, 或問之曰 : "益者與?" 子曰 : "吾見其居於位也, 見其與先生並行也, 非求益者也, 欲速成者也."

제15편 위령공(衛靈公)

■ 軍旅之事　未之學也

나는 아직 군사에 관한 것은 공부한 적이 없다.

【故事】위나라 영공이 공자에게 진법(陣法)에 관하여 물어보자, 공자는, "예의에 관한 일은 일찍이 들은 적이 있지만, 군사에 관한 일은 아직 배우지 못했습니다(俎豆之事 則嘗聞之矣 軍旅之事 未之學也)."라고 대답하고 이튿날 마침내 떠나버렸다.

위(衛)나라 영공(靈公)이 덕교(德敎)에는 마음이 없고 느닷없이 군사에 대해 물었을 때 공자는 이렇게 말하고 곧 위(衛)나라를 떠났다.

*조두지사(俎豆之事) ; 조두(俎豆)는 제사나 예식 때 음식을 담는 그릇으로 여기서는 예기(禮器)를 총칭하는 말로 쓰였으며 나아가 그것을 다루는 일 즉 예의를 뜻한다.

■ 君子固窮　小人窮斯濫矣

군자는 곤궁에 처해도 의연하지만, 소인은 곤궁하면 외람되어진다.

*固窮 ; 곤궁(困窮)한 것을 잘 겪어냄 窮 ; 궁하다. 斯 ;
이. 濫 ; 외람되다, 분에 넘치다.

■一以貫之
일 이 관 지

하나로 주르르 꿰었다.

【名言】일이관지(一以貫之) ; 한 가지 이치로 만 가지 일
을 꿰고 있음. 공자가 한 말인데, 《논어》에 보면 공자는
똑같은 말을 증자와 자공 두 사람에게 하고 있다. 이인편에
는 이렇게 기록되어 있다.

공자가 말했다. "삼(參 ; 증자)아, 내 도는 하나로서 꿰었
다(參乎吾道 一以貫之)."

그러자 증자는 "네." 하고 대답했다. 공자가 나가자, 증
자의 제자들이 증자에게 물었다. "무슨 말씀이십니까?"

증자가 말했다. "선생님의 도는 충(忠)과 서(恕)뿐이다."

충(忠)은 지성(至誠)이란 뜻이다. 《중용》에 보면『지
성』은 하늘과 통해 있다고 했다. 서(恕)는 지성 그대로를
실천에 옮기는 것을 말한다. 즉 진리에 따라 그대로 행하는
것이 『일이관지』인 것이다.

또 위령공편에서 공자가 자공에게 물었다. "사(賜 ; 자

공)야, 넌 나를, 많이 배워 알고 있는 사람으로 알고 있느냐?"

"그렇습니다. 아닙니까?"

"아니다. 나는 하나로써 꿰었다(非也 予 一以貫之)."

공자는 당시 많은 사람들로부터 아는 것이 많다는 이유로 성인이라 불리는 일이 종종 있었다. 그런 점에서는 자공도 마찬가지였다. 자공은 남과 말하기를 좋아했기 때문에 사람들은 자공이 공자보다 더 박식한 줄로 알고 있었고, 그 점에서 자공이 공자보다 낫다고 말하는 사람도 많았다.

증자는 둔한 사람으로 실천위주의 수양에 힘쓴 것으로 전해지고 있다. 그 증자에게 공자는 『일이관지』란 말로 일깨워 주었고, 증자는 즉시 그 말에 의해 진리를 깨달았다.

자공은 재주가 너무 많은 사람으로 당시는 공자보다도 더 위대한 사람으로 온 천하에 이름이 알려진 사람이다. 그 자공에게 공자는 많이 배우고 아는 것이 소중한 것이 아니라, 오직 하나뿐인 진리를 깨닫는 것이 보다 중하다는 것을 일깨워 준 것이다.

공자는 상대방이 깨닫지 못할 말은 하지 않았다. 그것을 교육의 철칙으로 삼고 있었다. 그러므로 공자의 이 한 마디에 자공은 진리를 깨달았을 것으로 생각된다.

『일이관지』는 불교의 선문답(禪問答)과도 흡사한 점이 있는데, 역시 공자는 그런 뜻에서 이 말을 한 것이 틀림없다. 그 하나가 무엇이라는 것을 증자는 충과 서라고 했다. 공자는 하나라고 한 것을 증자는 두 말로 표현한 것이다.

《중용》 첫머리에 이렇게 말했다.

"하늘이 주신 것이 성품이요 성품대로 하는 것이 도요, 도를 닦는 것이 가르침이다(天命之謂性 率性之謂道 修道之謂敎)."

성품대로 하는 것이 도다. 도를 깨쳤다는 것은 하늘이 주신 본성을 깨닫는 것이다. 불교에서는 도를 깨치는 것을 견성(見性)이라고 한다. 유교에서는 도를 얻는 것을 솔성(率性)이라고 했다. 충은 하느님을 보는 것이요, 도는 사람을 사랑하는 것이다. 하느님은 곧 성품(性品)이다. 참으로 하느님을 본 사람은 사람을 사랑하게 되는 것이다.

이 『일이관지』가 현재는 본래의 뜻과는 달리 쓰이고 있다. 처음부터 끝까지 변함이 없다는 뜻으로 쓰이기도 하고, 그것만 해결하면 그 다음부터는 일사천리로 밀고 나가게 된다는 뜻으로도 쓰인다. 즉 일관(一貫)이란 뜻과 일사(一瀉)란 뜻으로 쓰이고 있는 것이다. 물론 약간 해학적인 것을 살리기 위한 말이다.

■ 言忠信 行篤敬 雖蠻貊之邦行矣

말이 성실하고 믿을 수가 있고 행동이 진실하고 조심스러우면 야만 미개인의 나라에서라 할지라도 행해질 것이다.

　*篤 ; 도탑다.　蠻貊 ; 예전에 중국인이 중국의 남쪽과 북쪽에 살던 민족을 낮잡아 이르던 말.

■ 邦有道如矢 邦無道如矢

나라에 도가 있어도 화살처럼 곧았고, 나라에 도가 없어도 화살처럼 곧았다.

　{하늘로부터 받은 순수한 성품을 더럽히지 말고, 나쁜 것에 물들지 말며, 살대같이 곧게 살아야 한다. 이는 공자가 사어(史魚 ; 춘추시대 위나라의 충직한 신하)를, 정치가 밝을 때에도 곧았고, 정치가 어두울 때에도 곧았다고 칭찬한 말.}

■ 可與言而不與之言失人 不可與言而與之言失言
知者不失人 亦不失言

함께 말할 만한데 함께 말하지 않으면 사람을 잃는 것이

고, 함께 말할 만하지 못한데 함께 말을 하면 말을 잃는 것
이다. 지자(知者)는 사람을 잃지도 않고, 또 말을 잃지도 않
는다.

{말을 하지 않음으로써 아까운 사람을 놓치게 되고, 말을
함으로써 공연히 헛소리를 한 결과가 되므로 말을 잘 해야
한다는 뜻이다. 말의 중요성을 강조한 말이다.}

【名言】실언실인(失言失人) ; "함께 말할 만한데 함께 말
하지 않으면 그것은 사람을 잃는 것이다. 함께 말할 만하지
못한데 함께 말을 하면 그것은 말을 잃는 것이다. 지자(知
者)는 사람을 잃지도 않고, 또 말을 잃지도 않는다(可與言
而不與之言 失人 不可與言而與之言失言. 知者不失人 亦不
失言)."

얼마나 말이 중요하고도 어려운지를 알 수 있다. 말을 하
지 않음으로써 아까운 사람을 놓치게 되고, 말을 함으로써
공연한 헛소리를 한 결과가 되는 일이 없어야만 지혜로운
사람이 된다는 말이다. 『실인(失人)』을 하지 않기는 어려
운 일이다. 그러나 『실언』만은 조심하면 어느 정도 피할
수 있을 것 같다.

옛 사람의 시조에, "말하기를 좋다 하고 남의 말을 말 것
이 / 남의 말 내가 하면 남도 내 말 하는 것이 / 말로써 말이

많으니 말 많을까 하노라."

이것이 아마 실언을 예방하는 유일한 길일 것 같다.

■ 지 사 인 인 무 구 생 이 해 인 유 살 신 이 성 인
志士仁人 無求生以害仁 有殺身以成仁

지사(志士)와 인인(仁人)은 삶을 찾아 인(仁)을 해치는 일이 없고, 몸을 죽여 인을 이룩하는 일은 있다.

{뜻있는 선비와 어진 사람은 삶을 구하여 인을 해치는 일이 없고 몸을 죽여서 인을 이룬다. 지사(志士)란 도의(道義)에 뜻을 둔 사람을 일컫고, 인인(仁人)이란 어진 덕을 갖춘 사람을 말한다. 그러므로 지사와 인인은 삶이 소중하다고 하여 그것 때문에 지(志)나 인(仁)을 잃는 일은 절대로 없다. 오히려 때로는 자기의 목숨을 버리면서까지 인(仁)을 달성하려 한다.}

【名言】살신성인(殺身成仁) ; 『살신성인』은 쉽게 말해서 올바른 일을 위해서는 몸도 희생한다는 뜻이다.《맹자》에는 공자의 말이라 하여 지사와 용사를 대립시켜 말한 곳이 있다. 그래서 뒷사람들은 이 지사를 의(義)를 지키는 의사의 뜻으로 풀이했다. 우리가 말하는 안중근 의사니 윤봉길 의사니 하는 것도 실상 그분들이 나라와 겨레를 위해 몸을 희생시킨 것이 공자가 말한 『살신성인』에 해당하기 때

문에 붙인 이름이다.

때로는 단순한 뜻을 가진 사람을 지사라고도 부르기 때문에 지사라는 이름 대신 살신성인의 『의사』라는 이름을 붙인 것이다. 또 이 지사(志士)를 지사(知士)로 풀이한 사람도 있다. 도의를 지키는 사람이든 지혜로운 사람이든 그것은 그리 문제될 것이 없다. 어떻든 그가 가지고 있는 신념을 살리기 위해서는 하나밖에 없는 생명도 달게 버릴 수 있다는 것을 강조한 말이다.

그러나 그것은 어디까지나 양자택일을 할 마당에서의 이야기다. 덮어놓고 목숨을 바치는 것을 『살신성인』으로 오인한다면 그것은 고작 좋게 보아서 만용(蠻勇)밖에 될 것이 없다. 차원은 다르지만, "아침에 도를 들으면 저녁에 죽어도 좋다(朝聞道 夕死可矣)."라고 한 달관을 얻은 사람이 아니면 역시 『살신성인』은 어려운 일이다.

■ 工欲善其事 必先利其器
공 욕 선 기 사　　필 선 리 기 기

장인은 일을 잘하기 위해서는 먼저 그 쓰는 연장을 날카롭게 잘 갈아야 한다.

*善其事 ; 자신의 일을 잘하다. 利其器 ; 자신의 기구를

갈다. 利 ; 날카롭다.

{인(仁)을 실천하기 위해서는 현자(賢者)를 가까이 해서 배우고 인자(仁者)를 벗으로 하는 것이 필요하다.}

■ 鄭聲淫

정(鄭)나라는 국가가 혼란하여 그 음악이 음탕하다.

{음탕한 시(詩)나 음악은 인심을 썩게 하고, 나라를 위태롭게 하는 것이다(鄭聲淫 佞人殆).}

■ 人無遠慮 必有近憂

사람이 먼 앞날에 대한 헤아림이 없으면 반드시 가까운 장래에 근심이 생긴다.

*慮 ; 생각하다. 憂 ; 근심하다.

【名言】인무원려필유근우(人無遠慮必有近憂) ; "사람이 멀리까지 내다보고 깊이 생각하지 않으면 반드시 가까이에 근심이 생긴다."

도가(道家)와 불가(佛家)의 영향을 많이 받았던 소식(蘇軾)은, 장자와 장자의 친구이자, 명실(名實), 즉 개념과 실제의 문제를 중시하는 학파인 명가(名家)의 대표적 학자 혜시

(惠施)의 다음 대화를 인용하고 있다.

혜시가 장자에게 말했다. "자네의 말은 쓸데가 없네."

장자가 말했다. "쓸데가 없음을 알아야 비로소 쓸 곳을 이야기할 수 있네. 무릇 땅은 넓고 크지만, 사람들이 쓰는 것은 걸을 때 발을 딛는 부분뿐이네. 그러나 발에 맞춰 재어서 나머지는 황천까지 깎아버린다면 사람들이 쓸 수가 있겠는가?"

혜시가 말했다. "쓸 수 없지."

장자가 말했다. "그렇다면 쓸모없는 것이 쓸모가 있음은 또한 분명하네."

소식은 이 대화에 근거해 이렇게 풀이하고 있다.

"사람이 걸을 때 발을 딛는 곳 외에는 모두 필요 없는 땅이지만, 버릴 수는 없는 것이다. 그러므로 생각이 천 리 밖에 있지 않으면, 우환이 안석(安席) 밑에 있다(慮不在千里之外 則患在几席之下矣)."

타이완의 신유가(新儒家) 서복관(徐復觀)은 중국철학의 특징 가운데 하나로 『우환의식(憂患意識)』을 제시했다. 우환의식은 자신의 개인적 이해, 영욕 등을 초월해 사회, 국가, 세계와 인류가 맞닥뜨릴 수 있는 위기와 곤경에 대해 늘 경각심을 가지고 걱정하고 대비하는 마음을 가리킨다.

조선의 정약용은 『遠』은 먼 미래, 『近』은 이미 닥친 급박함이라고 풀었다. 대부분의 사람들이 눈앞의 이익에 급급해 장차 닥칠 일을 생각하지 않는다. 이런 사람은 한 순간의 영예(榮譽)밖에는 누릴 것이 없다. 따라서 당장 손해를 보더라도 멀리 크고 넓게 봐야 한다는 것이다.

특히 성공했다고 자만하지 말고 실패했다고 좌절할 필요도 없는, 멀리 보면서 차근차근 자신의 미래를 가꿔 나가야 한다는 의미가 있다. 이 말은 또한 안중근 의사가 이토 히로부미를 저격한 후 옥중에 갇혀 있을 때 국경과 이념을 초월하여 자신에게 존경과 호의를 베풀어준 일본인 교도관에게 직접 써준 휘호로도 유명하다.

■ 躬自厚而薄責於人 則遠怨矣
궁 자 후 이 박 책 어 인 즉 원 원 의

스스로 책망하기를 후하게 하고, 남을 책망하기를 박하게 한다면 원망이 멀어진다.

*厚 ; 두텁다. 薄 ; 엷다, 박하다.

{자기를 책망하기를 심하게 하기 때문에 몸은 더욱 수련되고, 남을 책망하기를 가볍게 하기 때문에 사람들이 따르기 쉽다.}

■ 不曰如之何 如之何者 吾未如之何也已矣

어떻게 하면 좋은가, 어떻게 하면 좋은가 하고 진실로 구하고 있는 자가 아니면 난들 그 사람을 어떻게 해줄 수가 없다. 공자의 말이다.

■ 群居終日 言不及義 好行小慧 難矣哉

뭇사람과 하루 종일 옳은 일에 대해서는 한 마디도 없이 사리사욕을 위한 얄팍한 꾀를 쓰기만을 좋아한다면, 이보다 더 위험한 일이 없다.

*호행소혜(好行小慧) ; "얄팍한 꾀를 쓰기만을 좋아한다."라는 뜻으로, 공자의 말이다.

{이 세상 사람 치고 이 『호행소혜』를 하지 않는 사람이 거의 없을 것이다. 이른바 성공했다는 사람들은 거의가 이 『호행소혜』의 명수들인 것이다. 그러나 그들의 성공이란 것이 과연 그들에게 무엇을 가져다주는 것일까. 일시적인 성공이 결과에 가서는 파멸을 가져오고 마는 것이다.}

■ 君子義以爲貴 禮以行之 孫以出之 信以成之

군자는 의로움으로 바탕을 삼고, 예의에 따라 행동하며,

공손한 몸가짐으로 드러내고, 신의로써 이루어내는 것이다.

　*孫 ; 손자, 공손하다.

　{군자는 의(義)를 가장 귀하게 여긴다. 바른 의리를 근본으로 하여 그 의(義)를 행함에 있어서 존비친소(尊卑親疎)를 생각해서 예(禮)로써 대하고, 겸손한 태도로써 말하고, 항상 거짓 없는 신(信)으로써 완수하는 것이 참된 군자의 도리다.}

■ 君子疾沒世而名不稱焉
　(군자질몰세이명불칭언)

　군자는 이 세상을 떠난 후에 그 이름이 남지 않을 경우를 마음 아파해야 한다.　*疾 ; 병, 마음아파하다. 沒 ; 죽다.

　{사람의 일생은 죽은 뒤에 비로소 정해지는 것이다.}

■ 君子求諸己　小人求諸人
　(군자구저기　소인구저인)

　군자는 허물을 자신에게서 구하고, 소인은 허물을 남에게서 구한다.　*諸(저) ; …에게서.

　【名言】반구저기(反求諸己) ;《맹자》이루상편에 "행하여도 얻지 못하거든 자기 자신에게서 잘못을 구할 것이니(行有不得者皆反求諸己), 자신의 몸이 바르면 천하가 돌아

올 것이다."라는 구절이 있다.

"군자는 허물을 자신에게서 구하고, 소인은 허물을 남에게서 구한다(君子求諸己 小人求諸人)."라는 구절은 우임금의 아들 백계(伯啓)로부터 유래된 말이다.

우임금이 하나라를 다스릴 때, 제후인 유호씨(有扈氏)가 군사를 일으켜 쳐들어왔다. 우임금은 아들 백계로 하여금 군대를 이끌고 나가서 싸우도록 하였으나 참패하고 말았다. 백계의 장수들은 패배를 인정하지 못하고 다시 한 번 싸우자고 하였다.

그러나 백계는 이렇게 말했다. "나는 유호씨에 비해 병력이 적지 않고 근거지 또한 적지 않거늘 패배하고 말았다. 이는 나의 덕이 그보다 못하고, 부하를 통솔하는 방법이 그보다 못하기 때문이다. 그러니 나는 먼저 나 자신에서부터 잘못을 찾아 고쳐 나가도록 하겠다."

이후 백계는 더욱 분발하여 검소하게 생활하며, 백성을 아끼고 품덕이 있는 사람을 존중하였다. 이렇게 1년이 지나자 유호씨도 그 소문을 듣고 감히 침범하지 못하였을 뿐 아니라, 마침내는 백계에게 감복하여 귀순하였다. 이로부터 『반구저기(反求諸己)』는 어떤 일이 잘못 되었을 때 그 잘못의 원인을 자기 자신에게서 찾는 말로 사용되었다.

■ 君子不以言擧人 不以人廢言
_{군 자 불 이 언 거 인 불 이 인 폐 언}

군자는 말로써 사람을 쓰지 않고, 사람으로 말을 버리지
않는다. *擧 ; 들다, 오르다. 廢 ; 폐하다.

{군자는 그 사람의 말만 듣고서 사람을 등용하지 않으며,
그 사람을 보고서 그의 의견까지 묵살하지는 않는다. 옳은
말이면 말한 사람의 신분이 낮다 할지라도 결코 버려서는
안 된다는 말이다.}

■ "有一言可以終身行之者乎?" 子曰 "其恕乎!"
_{유 일 언 가 이 종 신 행 지 자 호}   _{자 왈}   _{기 서 호}

"한 마디로 평생 행할 만한 말이 있습니까?"하는 자공
의 물음에 공자는, "그것은 용서일 것이다."라고 대답했다.
  *恕 ; 용서하다.

■ 己所不欲勿施於人
_{기 소 불 욕 물 시 어 인}

자기 스스로 하고 싶지 않은 일을 다른 사람에게도 시키
지 말라.

【名言】기소불욕물시어인(己所不欲勿施於人) ; 어느 날, 자
공이 공자에게 물었다. "한마디 말로 제가 평생 동안 실천할

한 마디 말이 있습니까(有一言而可以終身行之者乎)?"

그러자 공자가 대답했다. "있다. 그것은 서(恕)일 것이다. 자기가 원하는 것이 아니면 남에게 하게 하지도 말아야 할 것이다(其恕乎 己所不欲勿施於人)."

서(恕)란 오늘날의 용서(容恕)와 같은 뜻이다. 『恕』를 뜯어보면 그것은 『如心』 즉 "마음을 같이한다"가 된다. 상대방의 마음과 내 마음을 같이할 때 비로소 용서하는 마음이 일어나는 법이다. 내가 남에게 잘못을 저질렀을 때 내가 미안해하듯 남 역시 잘못을 저질렀을 때 당연히 미안하게 여기리라 생각하는 것, 이런 조건이어야만 이해가 있을 수 있고 용서할 마음이 일어나게 된다.

이런 정신을 확대하면 내가 하기 싫은 일이라면 남도 하기 싫으리라는 사실을 알게 되고, 따라서 서로의 입장이 용서가 된다. 즉 마음이 하나가 되는 것이다. 이렇게 남을 이해하고 용서할 수 있는 여유를 가질 때 인간은 참된 인격을 갖춘 존재로서 출발할 수 있다. 공자는 바로 이 점을 납득시키고자 자공에게 이런 금언을 남겼을 것이다.

■ 小不忍則亂大謀
소 불 인 즉 란 대 모

작은 것을 참지 않으면 큰 계획을 어지럽힌다.

*亂 ; 어지럽다. 謀 ; 꾀하다.

{공자가 말했다. "그럴듯하게 꾸민 달콤한 말은 덕을 어지럽히고, 작은 것을 참지 않으면 큰 계획을 어지럽힌다(巧言亂德 小不忍 則亂大謀)."}

■ 衆惡之必察焉 衆好之必察焉
중 오 지 필 찰 언   중 호 지 필 찰 언

여러 사람이 미워하더라도 반드시 살펴야 하고, 여러 사람이 좋아하더라도 반드시 살펴야 한다.

【名言】 중오필찰중호필찰(衆惡必察衆好必察) ;『중오필찰(衆惡必察)』은 여러 사람이 어떤 사람을 미워하거나 싫어하면 대개는 미움을 받는 사람이 나쁜 줄로 알기 쉽다. 그러나 그 반대의 경우도 있다. 군자가 뭇 소인들의 미움을 받는 경우도 있고, 부지런한 사람이 게으른 사람들에게 따돌림을 당하는 경우도 있다. 그러므로 많은 사람이 다 미워한다고 그 사람이 무조건 나쁜 줄 알지 말고, 반드시 그 내용과 까닭을 살펴야 한다. 이것이『중오필찰』의 교훈이다.

『중호필찰(衆好必察)』은 많은 사람이 좋아하더라도 무조건 상대가 훌륭한 것으로만 생각지 말고, 그 좋아하는 내용과 이유가 무엇인지를 반드시 살펴야 한다는 말이다. 민

주주의(民主主義)를 가리켜 우민주의(愚民主義)라고 하는 사람이 있다. 우리가 선거를 통해서 가끔 느낄 수 있는 득표현상 같은 데서 이 교훈의 의미를 찾아볼 수도 있을 것 같다.

《대학》 제가장(齊家章)에는, "좋아하면서도 그 사람의 악한 것을 알고(好而知其惡), 미워하면서도 그 사람의 아름다운 것을 아는 사람은 천하에 드물다(天下鮮矣)."라고 했다. 인간은 흔히 감정과 이해에 사로잡히기 쉬우므로 미워하고 좋아하는 것이 일시적인 그릇된 감정이나 비뚤어진 사리사욕 때문이 아닌지를 지도자는 항상 살피고 그 자신도 반성해 볼 일이다.

■ 人能弘道 非道弘人
인 능 홍 도 비 도 홍 인

사람이 도를 넓힐 수 있는 것이지, 도가 사람을 넓히는 것이 아니다.

{도는 객관적인 존재로서, 그냥 존재할 뿐 사람에게 작용을 하지는 않는다. 그러므로 사람이 스스로의 노력으로 부단히 도를 닦아 도의 지평을 넓혀 나가야 한다.}

■ 過而不改 是謂過矣
과 이 불 개 시 위 과 의

잘못이 있어도 고치지 않는 것, 이것이 바로 잘못이다.

*過 ; 지나다, 잘못.

{사람인 이상 잘못이 없을 수는 없다. 그러나 참으로 잘못이라는 것은 잘못인 줄 알면서 반성하지 않고 또 고치지 않는 것이다.}

■ 君子謀道不謀食
군 자 모 도 불 모 식

군자는 도(道)를 구하여 걱정하지, 먹을 것을 구하거나 가난을 걱정하지 않는다.

{군자는 농사를 지어도 굶주림에 대한 걱정은 그 안에 있지만, 공부를 하면 녹봉이 그 안에 있다. 그러므로 군자는 도를 걱정하지, 가난을 걱정하지 않는다.}

■ 耕也 餒在其中矣 學也 祿在基中矣
경 야 뇌 재 기 중 의 학 야 녹 재 기 중 의

농사를 지으면 굶주림이 그 속에 있지만, 배우게 되면 봉록이 그 속에 있다.

*耕 ; 밭 갈다. 餒(뇌) ; 굶주리다.

{밭을 갈더라도 굶주림이 그 가운데 있고, 학문을 함에 녹(祿)이 그 가운데 있으니, 군자는 도(道)를 걱정하지 가난을 걱정하지 않는다.}

■ 君子憂道不憂貧
<small>군 자 우 도 불 우 빈</small>

군자는 도에 어긋날까 걱정할 따름이지, 가난한 것은 근심하지 않는다.

■ 君子不可小知 而可大受也
<small>군 자 불 가 소 지   이 가 대 수 야</small>

小人不可大受 而可小知也
<small>소 인 불 가 대 수   이 가 소 지 야</small>

군자는 아는 것이 작아서는 안 되지만 맡은 일은 커도 괜찮다.

{군자는 작은 일에서는 알아주는 이가 없지만, 큰일을 맡길 수 있고, 소인은 큰일은 못하지만 작은 일을 하는 데는 알아주는 수가 있다.

인간을 그릇으로 볼 때 그 용량이 다 다르다는 것이다. 군자는 대기(大器)로서 사소한 일에서는 무능해 보이지만 나라 대사를 감당해낼 수 있고, 소인은 작은 그릇으로서 사소한 일에서 자기의 기능을 보여줄 수 있다. 사람은 기량 (器量)을 보고 적당한 곳에 써야만이 모든 사람들의 재능을 발휘할 수(人盡其才) 있는 것이다.}

■ 當仁不讓於師
당 인 불 양 어 사

인(仁)을 행할 상황에서는 스승에게도 양보하지 않는다.

*讓 ; 사양하다.

{장유(長幼), 붕우(朋友)는 서로 양보해야 한다. 스승에게 대해서도 물론이다. 그러나 인(仁)을 행하는 마당에서는 그 스승에 대해서도 결코 양보할 필요는 없다.}

■ 有教無類
유 교 무 류

가르침에는 차별이 없다.

{가르침에는 차별이 없다는 이 말은, 배우고자 하는 사람에게는 누구에게나 배움의 문이 개방되어 있다는 공자의 말이다. 공자는 실제로 그에게 배우고자 하는 사람이 최소한의 예의만 지키면 신분의 고하, 재산의 많고 적음과 나이의 고하를 묻지 않고 받아들였는데, 신분과 계급의 차별이 엄격했던 3천 년 전에 공자의 이러한 가르침은 오늘날에도

신선할 정도이다. 그의 이러한 태도 때문에 공자는 뛰어난 교육학자이자 사상가로서 많은 제자들이 따랐고, 당시에는 물론 현재까지도 성현으로 받들어지고 있다.}

【名言】 유교무류(有教無類) ; 모든 사람을 가르쳐 이끌어 줄 뿐, 가르치는 상대에게 차별을 두는 일이 없음을 말한다.

좋은 예로, 공자는 호향(互鄉)이란 마을에 사는 아이가 찾아왔을 때, 제자들은 그 아이를 대문 밖에서 돌려보내려 했으나, 공자는 그 아이를 들어오라 해서 반갑게 맞아주고, 또 그가 묻는 말에 일일이 대답해 준 일이 있다.

호향은 춘추시대 선하지 못한 사람들이 살았던 마을로 사람들은 이 지역 출신들과 만나기를 꺼렸다고 한다.

아무튼 제자들이, 그 아이를 만나준 데 대해 공자의 처사를 의심할 정도였는데, 공자는 이때 제자들을 이렇게 타일 렀던 것이다.

"사람이 깨끗한 마음으로 찾아오면 그 깨끗한 마음을 받아들일 뿐 그가 과거에 어떤 일을 한 것까지 따질 것이야 있겠느냐. 그의 과거를 따지는 그런 심한 차별을 할 것까지 는 없지 않느냐?" 하고 오히려 제자들의 차별의식을 안타 까워했다.

석가나 예수, 공자는 인류를 똑같이 사랑으로 대한 데서 우리는 인간의 존엄성과 함께 자기수양과 회개에 더욱 용감할 필요가 있다고 본다.

■ 道^도不^부同^동 不^불相^상爲^위謀^모

지향하는 도가 같지 않으면 함께 일을 도모하지 않는다.

*謀 ; 꾀하다.

{사람이 지켜야 할 도리(道理)를 달리하는 사람과는 서로 의논하지도 말라.}

■ 辭^사達^달而^이已^이矣^의

말은 그 뜻이 상대에게 전달되는 것으로 족하다.

*辭 ; 말하다. 達 ; 통달하다, 다다르다.

{말이란 의사가 정확하게 상대에게 전달되면 그것으로 충분하다. 쓸데없이 수식하거나 중언부언하고 길게 말하는 것은 바람직하지 못하다.}

우리는 인간의 존엄성과 함께 자기수양과 회개에 더욱 용감할 필요가 있다고 본다.

■ 道不同 不相爲謀
(도 부 동 불 상 위 모)

지향하는 도가 같지 않으면 함께 일을 도모하지 않는다.

*謀 ; 꾀하다.

{사람이 지켜야 할 도리(道理)를 달리하는 사람과는 서로 의논하지도 말라.}

■ 辭達而已矣
(사 달 이 이 의)

말은 그 뜻이 상대에게 전달되는 것으로 족하다.

*辭 ; 말하다. 達 ; 통달하다, 다다르다.

{말이란 의사가 정확하게 상대에게 전달되면 그것으로 충분하다. 쓸데없이 수식하거나 중언부언하고 길게 말하는 것은 바람직하지 못하다.}

衛靈公篇 第十五

衛靈公問陳於孔子. 孔子對曰："俎豆之事, 則嘗聞之矣. 軍旅之事, 未之學也." 明日遂行. 在陳絕糧, 從者病, 莫能興. 子路慍見曰："君子亦有窮乎?"子曰："君子固窮, 小人窮斯濫矣."

子曰："賜也, 如以予爲多學而識之者與?"對曰："然. 非與?"曰："非也. 予一以貫之."

子曰："由, 知德者鮮矣."

子曰："無爲而治者, 其舜也與? 夫何爲哉. 恭己正南面而已矣."

子張問行. 子曰："言忠信, 行篤敬, 雖蠻貊之邦行矣. 言不忠信, 行不篤敬, 雖州裏行乎哉? 立, 則見其參於前也；在輿, 則見其倚於衡也. 夫然後行."子張書諸紳.

子曰："直哉史魚. 邦有道如矢, 邦無道如矢. 君子哉蘧伯玉. 邦有道則仕, 邦無道則可卷而懷之."

子曰："可與言而不與之言, 失人；不可與言而與之言, 失言. 知者不失人, 亦不失言."

子曰："志士仁人, 無求生以害仁, 有殺身以成仁."

子貢問爲仁. 子曰："工欲善其事, 必先利其器. 居是邦也,事其大夫之賢者, 友其士之仁者."

顏淵問爲邦. 子曰: "行夏之時, 乘殷之輅, 服周之冕, 樂則韶舞. 放鄭聲, 遠佞人. 鄭聲淫, 佞人殆."

子曰: "人無遠慮, 必有近憂."

子曰: "已矣乎! 吾未見好德如好色者也."

子曰: "臧文仲, 其竊位者與? 知柳下惠之賢, 而不與立也."

子曰: "躬自厚而薄責於人, 則遠怨矣."

子曰: "不曰如之何, 如之何者, 吾末如之何也已矣."

子曰: "群居終日, 言不及義, 好行小慧, 難矣哉!"

子曰: "君子義以爲質, 禮以行之, 孫以出之, 信以成之. 君子哉!"

子曰: "君子病無能焉, 不病人之不己知也."

子曰: "君子疾沒世而名不稱焉."

子曰: "君子求諸己, 小人求諸人."

子曰: "君子矜而不爭, 群而不黨."

子曰: "君子不以言舉人, 不以人廢言."

子貢問曰: "有一言而可以終身行之者乎?" 子曰: "其恕乎! 己所不欲, 勿施於人."

子曰: "吾之於人也, 誰毀誰譽. 如有所譽者, 其有所試矣.

斯民也, 三代之所以直道而行也."

子曰 : "吾猶及史之闕文也, 有馬者, 借人乘之, 今亡矣夫!"

子曰 : "巧言亂德, 小不忍則亂大謀."

子曰 : "衆惡之, 必察焉 ; 衆好之, 必察焉."

子曰 : "人能弘道, 非道弘人."

子曰 : "過而不改, 是謂過矣."

子曰 : "吾嘗終日不食, 終夜不寢, 以思, 無益, 不如學也."

子曰 : "君子謀道不謀食. 耕也, 餒在其中矣 ; 學也, 祿在其中矣. 君子憂道不憂貧."

子曰 : "知及之, 仁不能守之, 雖得之, 必失之. 知及之, 仁能守之, 不莊以涖之, 則民不敬. 知及之, 仁能守之, 莊以涖之, 動之不以禮, 未善也."

子曰 : "君子不可小知, 而可大受也. 小人不可大受, 而可小知也."

子曰 : "民之於仁也, 甚於水火. 水火, 吾見蹈而死者矣, 未見蹈仁而死者也."

子曰 : "當仁不讓於師."

子曰 : "君子貞而不諒."

子曰 : "事君, 敬其事而後其食."

子曰 : "有教無類."

子曰 : "道不同, 不相爲謀."

子曰 : "辭, 達而已矣."

師冕見, 及階, 子曰 : "階也." 及席, 子曰 : "席也." 皆坐, 子告之曰 : "某在斯, 某在斯." 師冕出, 子張問曰 : "與師言之, 道與?" 子曰 : "然. 固相師之道也."

제16편 계씨(季氏)

■ 虎兕出於柙 龜玉毀於櫝中 是誰之過
호시출어합 구옥훼어독중 시수지과

호랑이나 들소 같은 맹수가 우리에서 나오거나, 구옥(龜
玉) 같은 보물이 궤짝 속에서 깨뜨려진다면 그 책임은 관리
하는 자에게 있을 것이다.

*兕 ; 외뿔들소. 柙 ; 우리. 龜玉 ; 점치는 데 쓰는 거북의
등딱지와 옥이라는 뜻으로, 귀중한 것을 이르는 말. 毀 ; 헐
다. 櫝 ; 궤짝.

{어떤 사람이 잘못 저지른 일이 있다면 그것은 그 사람을
보좌하는 사람의 책임이다. 공자가 계씨(季氏)를 보좌하고
있던 염유(冉有), 계로(季路)를 책망한 말이다.}

■ 不患寡而患不均
불환과이환불균

백성이 적은 것을 근심하지 않고, 고르지 않은 것을 근심
한다.

*寡 ; 적다. 均 ; 고르다.

{국민의 수가 적거나 물질이 적다고 걱정할 필요가 없다.
그보다는 모두가 불평등하다, 부당하다 하는 불만을 지니는

것을 걱정해야 한다. 따라서 정치는 공평해야 하는 것이다.}

■ 不^불患^환貧^빈而^이患^환不^불安^안

가난을 걱정하지 않고, 세상이 편안하지 못함을 걱정한
다.

{백성이 가난하게 살고 있는 것이 걱정거리다. 그러나 위
정자는 그런 걱정보다는 백성들이 안심하고 걱정 없이 살
고 있는지 어떤지를 걱정해야 할 것이다.}

■ 均^균無^무貧^빈 和^화無^무寡^과 安^안無^무傾^경

고르면 가난함이 없고, 조화로우면 적음이 없으며, 편안
하면 기울어지지 않는다.

【名言】 불환과이환불균(不患寡而患不均) ; 노나라의 실권
자인 계씨(季氏)가 노나라의 속국인 전유(顓臾)를 쳐서 자
기 영지로 만들려 했다. 계씨의 가신으로 있는 염유(冉有 :
이름 求)와 자로가 공자에게 이 사실을 보고하자, 공자는
특히 염유를 지적하여 이렇게 꾸짖었다.

 "네가 조종하는 일이 아니냐. 전유는 노나라에 속해 있
는 나라인데, 이것을 칠 이유가 무엇이란 말이냐?"

그러자 그들은 계씨의 단독 의사로 자기들은 찬성한 일이 없다고 발뺌을 했다. 공자가 다시 그들을 나무라며, 남의 녹을 먹고 그 사람의 잘못을 바로잡지 못한다면 그것이 누구의 허물이겠느냐고 꾸중을 하자, 염유는 이렇게 이유를 말했다.

"전유는 비(費)에 가까이 있고, 또 견고한 성이므로 만일 지금 점령하지 않으면 뒷날 반드시 자손들에게 걱정을 끼치게 될 것입니다."결국 자기도 그 일에 찬성했다는 변명이 되고 만 셈이다.

공자가 특히 염유만을 꾸짖는 데에는 그만한 이유가 있었다. 자로는 옳지 못한 일에 협력할 사람이 아니란 것을 잘 알고 있었고, 염유는 계씨의 하는 일에 무조건 협력하는 출세 위주의 인물이었기 때문이다. 염유는 계씨를 위해 백성들에게 세금을 더 부과한 일도 있어서, 이때 공자는 "너는 나의 제자가 아니다." 하고 제자들에게 북을 울려 그의 죄를 성토하라고 한 일까지 있었다.

공자는 염유의 이 말에, "그러기에 군자는 솔직히 탐이 난다고 말하지 않고, 뭔가 구실을 붙여 자기의 행동을 정당화시키려는 사람을 미워한다."고 꾸짖고, 다시 덧붙여 이렇게 말했다.

"내가 들으니, 나라를 가지고 집을 가진 사람은 적은 것을 걱정하지 않고 고르지 못한 것을 걱정하며, 가난한 것을 걱정하지 않고 편안하지 못한 것을 걱정한다고 했다. 대개 고르면 가난한 사람이 없고, 서로 사이가 좋으면 적은 일이 없으며, 편안하면 서로 넘어지는 일이 없기 때문이다(丘也 聞 有國有家者 不患寡而患不均 不患貧而患不安 蓋均無貧 和無寡 安無傾 夫如是 故遠人不服 則修文德以來之 旣來之 則安之)."

그리고 공자는 끝으로, "나는 계씨의 근심은 전유에 있지 않고 담벼락 안에 있는 것을 우려한다(吾恐季孫之憂 不在顓臾 而在蕭牆之內也)." 하고 밖으로 욕심을 부리는 사람은 반드시 내부로부터 변란이 생기게 된다는 것을 지적했다. "불환빈 환불균(不患貧 患不均)"이라고도 한다.

계 손 지 우　부 재 전 유　이 재 소 장 지 내 야
■ 季孫之憂 不在顓臾 而在蕭牆之內也

계씨(季氏)는 지금 전유(顓臾)를 치지 않으면 나라가 위태롭다고 말하지만, 실은 나라를 위태롭게 하는 것은 나라 밖에 있는 것이 아니고 오히려 계씨 몸 가까이에서 일어나고 있는 것이다 즉 화근은 늘 몸 가까이 있음을 이르는 말.

*顓 ; 전단(專斷)하다. 臾 ; 잠깐. 蕭牆 ; 병풍(가림막).

{계손지우(季孫之憂)란 계손씨의 장래 근심이란 말이다. 소장(蕭墻)은 군주와 신하가 상견할 때 치는 병풍이다. 천자는 외병(外屛), 제후는 내병(內屛), 대부는 염(簾), 土는 유(帷)를 쳐서 안과 밖을 구분했으나, 대부 계손씨가 참월(僭越)하게도 병(屛)을 쳤으므로 공자가 여기서 소장이란 말을 썼다고 한다. 소장지내(蕭墻之內)는 담장 안의 가까운 신변을 가리킨다. 계씨는 노(魯)나라 대부, 전유(顓臾)는 노나라의 속국.}

■ 天下有道 則庶人不議
　천 하 유 도　즉 서 인 불 의

천하에 도가 있으면 백성들이 정치를 논하지 않는다.

{ "백성들이 논하지 않는다." 는 말은 백성들이 정치를 비판하지 않는다는 뜻이다.}

■ 益者三友 損者三友
　익 자 삼 우　손 자 삼 우

유익한 벗이 셋이 있고, 해로운 벗이 셋이 있다.

{서로 사귀어 이롭고 보탬이 되는 벗으로는 직(直 : 정직), 양(諒 : 믿음), 다문(多聞 : 지식)의 세 종류가 있다는 말

로서, 반대로 해로운 친구, 즉 손자삼우(損者三友)로는 편벽
(便辟 : 간사), 선유(善柔 : 치렛말), 편녕(便佞 : 아첨)의 세
종류가 있다고 하였다.}

■ 益者三樂 損者三樂

유익한 즐거움 세 가지, 사람의 몸에 손실이 되는 세 가지.
　{유익한 즐거움 세 가지 ; 곧 예악(禮樂)을 좋아함과 사람
의 착함을 좋아하는 것과 착한 벗이 많음을 좋아하는 것.
그리고 사람의 몸에 손실이 되는 세 가지 ; 곧 분에 넘치게
즐기는 것, 일하지 아니하고 노는 것을 즐기는 것, 주색을
좋아하는 것을 이른다.}

■ 君子有三戒 少之時 血氣未定 戒之在色 及其壯也
血氣方剛 戒之在鬪 及其老也 血氣旣衰 戒之在得

군자는 세 가지를 삼가야 한다. 젊었을 때에는 혈기가 정
해지지 않았기에 색을 삼가야 하고, 한창 때는 혈기가 왕성
해 남과의 싸움을 삼가야 하고, 늙었을 때는 혈기가 쇠약하
기에 탐욕을 삼가야 한다.
　*戒 ; 경계하다, 삼가다. 衰 ;쇠하다, 약해지다.

{젊을 때에는 혈기가 왕성하여 이성(理性)으로서는 감정의 억제가 대단히 어려운 일이다. 특히 남녀 간의 색욕에 대해서는 특별히 자숙하지 않으면 안 된다. 장년이 되면 혈기가 강성해서 자기주장이 강해진다. 다른 사람과 싸우는 것을 자숙해야 한다. 늙으면 혈기가 쇠약해지면서 재물이나 명예욕이 강하게 된다. 과대한 욕망을 자숙해야 할 것이다.}

■ 君子有三畏 畏天命 外大人 畏聖人之言

천명(天命)을 두려워하고, 대인(大人)을 두려워하고, 성인(聖人)의 말씀을 두려워한다.

{천명은 하늘에서 점지해 준 도덕적인 사명을 말하고, 대인은 현덕을 갖추고 경험을 쌓고 나이가 든 사람이고, 성인의 말씀은 도덕의 가르침을 말한다. 이 세 가지를 두려워하여 어긋남이 없이 존중하고 습복해야 한다.}

■ 生而知之者 上也 學而知之者 次也
困而學之者 又其次也

나면서 저절로 아는 사람은 최상이요, 배워서 아는 사람은 그 다음이요, 막힘이 있으면서도 애써 배우는 자는 또 그 다음이니라. 그러나 모르면서도 배우지 않는 사람은 최하등이다.   *困 ; 괴롭다, 부족하다.

【名言】 생이지지(生而知之) ; 나면서부터 안다는 것이 『생이지지』다. 곧 태어나면서부터 배우지 않고도 스스로 깨우쳐 안다는 성인(聖人)의 경지를 일컫는 말이다.

《중용》 20장에 이런 말이 있다.

"혹은 태어나면서부터 이것(道)을 알고(或生而知之), 혹은 배워서 이것을 알고, 혹은 곤궁하여 이것을 아는데, 그 앎이라는 것에 미쳐서는 똑같다. 혹은 편안히 이것을 행하고, 혹은 이롭게 여겨 이것을 행하고, 혹은 억지로 힘써 이것을 행하지만, 그 성공하는 데 미쳐서는 똑같다."

이 말은 지(知)와 행(行)에 있어서 인물의 차등이 있다는 것을 말한다. 즉 사람에게는 태어나면서부터 세상의 이치를 꿰고 나온 사람이 있기도 하고, 배워서 알게 되는 사람이 있기도 하고, 어렵게 힘쓴 뒤에야 비로소 아는 사람이 있기도 하다는 것이다. 그러나 그 깨달음이라는 것에 도달하고 나면 그때는 다 똑같은 것이다. 각각 다른 도리, 다른 이치를 깨달은 것이 아니라, 모두 한가지로 깨달은 것이다.

見善如不及 見不善如探湯
견 선 여 불 급 　 견 불 선 여 탐 탕

선하지 못한 일을 당했을 경우 마치 뜨거운 물에 손을 넣었을 때 빨리 손을 빼내듯이 선하지 못한 것에서 멀리해야 한다.

【故事】공자가 말했다. "선한 것을 보면 마치 거기에 미치지 못할 듯이 열심히 노력하고, 선하지 않은 것을 보면 마치 끓는 물에 손을 넣은 듯이 재빨리 피해야 한다는데, 나는 그런 사람을 보았고 그런 말도 들었다. 숨어 삶으로써 자신의 뜻을 추구하고, 의로움을 실천함으로써 자신의 도를 달성해야 한다는데, 나는 그런 말을 들었지만 그런 사람은 아직 보지 못했다(隱居以求其志 行義以達其道 吾聞其語矣 未見其人也)."

不學詩 無以言 不學禮 無以立
불 학 시 　 무 이 언 　 불 학 예 　 무 이 립

시를 배우지 않으면 남들과 말을 잘할 수가 없다. 예를 공부하지 않으면 남들 앞에 설 수가 없다.

{시(詩 ;《시경》)를 배우지 않으면 말을 건넬 바가 못된다. 예(禮 ;《예기》)를 배우지 않으면 남의 앞에 나설 수 없다.}

【故事】진항(陳亢)이 공자의 아들 백어에게 물었다.

"당신은 아드님이시니 역시 좀 특별한 것을 배우는 것이 있으시겠지요(子亦有異聞乎)?" 진항은 공자 말년의 제자이다.

백어가 대답했다. "아버님께서 혼자 뜰에 서 계시기에 제가 조심조심 지나간 적이 있습니다. 그런데 『시를 배웠느냐?』고 물으시더군요. 『아직 아닙니다.』라고 대답했더니, 『시를 안 배웠으면 말조차 제대로 할 수 없느니라(不學詩無以言).』고 말씀하셨습니다. 그래서 저는 물러나 시를 배웠습니다. 다른 날에 또 홀로 서 계실 때 제가 종종걸음으로 걸어서 안뜰을 지나가는데, 『예(禮)를 공부했느냐(學禮乎)?』라고 물으셨습니다. 『아직 못했습니다.』하고 대답했더니, 『예를 공부하지 않으면 남들 앞에 설 수가 없다(不學禮 無以立).』라고 하셔서, 저는 물러나 예를 공부했습니다. 제가 들은 것은 이 두 가지입니다."

■ 問一得三 聞詩聞禮 又聞君子之遠其子也
문일득삼 문시문례 우문군자지원기자야

"하나를 물어서 세 가지를 알게 되었다. 시(詩 ;《시경》)에 대하여 듣고, 예(禮 ;《예기》)에 관하여 들었으며, 또 군자는 자기 자식에게 거리를 둔다는 것을 알게 되었다." 진항의 말이다.

【故事】 진항이 백어와 대화하는 과정에서, 시에 대해서 들었고(聞詩), 예에 대해서 들었고(聞禮), 군자는 자기 자식에게 거리를 둔다(聞君子之遠其子)는 것을 들었다. 《시》를 익히면 남을 응대할 때 자신의 정서를 순화하고 의지를 완곡하게 드러낼 수 있다. 생활규범인 《예》를 익히면 인간관계에서 자신의 지위를 확립하고 품위를 지켜준다. 그래서 《시》와 생활규범인 《예》를 공부할 필요가 있다는 것을 알 수 있다.

또한 군자가 자기 자식을 멀리 하는 이유는, 교육자로서 공평무사함을 지키기 위해서일 것이다. 《맹자》 이루편에서도 말했듯이, 자식을 서로 바꾸어 가르치는 『역자이교(易子而教)』가 필요한 것이다.

季氏篇 第十六

季氏將伐顓臾, 冉有季路見於孔子曰 : "季氏將有事於顓臾." 孔子曰 : "求, 無乃爾是過與? 夫顓臾, 昔者先王以爲東蒙主, 且在邦域之中矣, 是社稷之臣也, 何以伐爲?" 冉有曰 : "夫子欲之, 吾二臣者, 皆不欲也." 孔子曰 : "求, 周任有言曰 : 陳力就列, 不能者止. 危而不持, 顚而不扶, 則將焉用彼相矣. 且爾言過矣. 虎兕出於柙, 龜玉毁於櫝中, 是誰之過與?" 冉有曰 : "今夫顓臾, 固而近於費, 今不取, 後世必爲子孫憂." 孔子曰 : "求, 君子疾夫舍曰欲之, 而必爲之辭. 丘也, 聞有國有家者, 不患寡而患不均, 不患貧而患不安, 蓋均無貧, 和無寡, 安無傾. 夫如是, 故遠人不服, 則修文德以來之. 旣來之, 則安之. 今由與求也, 相夫子, 遠人不服而不能來也, 邦分崩離析而不能守也, 而謀動干戈於邦內, 吾恐季孫之憂, 不在顓臾, 而在蕭牆之內也."

孔子曰 : "天下有道, 則禮樂征伐自天子出 ; 天下無道, 則禮樂征伐自諸侯出. 子諸侯出, 蓋十世希不失矣. 自大夫出, 五世希不失矣. 陪臣執國命, 三世希不失矣. 天下有道, 則政不在大夫. 天下有道, 則庶人不議."

孔子曰 : "祿之去公室, 五世矣. 政逮於大夫, 四世矣. 故夫三桓之子孫, 微矣."

孔子曰 : "益者三友, 損者三友. 友直, 友諒, 友多聞, 益矣. 友便辟, 友善柔, 友便佞, 損矣."

孔子曰 : "益者三樂, 損者三樂. 樂節禮樂, 樂道人之善, 樂多賢友, 益矣. 樂驕樂, 樂佚遊, 樂宴樂, 損矣."

孔子曰 : "侍於君子有三愆 : 言未及之而言謂之躁, 言及之而不言謂之隱, 未見顏色而言謂之瞽."

孔子曰 : "君子有三戒 : 少之時, 血氣未定, 戒之在色 ; 及其壯也, 血氣方剛, 戒之在鬥 ; 及其老也, 血氣既衰, 戒之在得."

孔子曰 : "君子有三畏 : 畏天命, 畏大人, 畏聖人之言. 小人不知天命而不畏也, 狎大人, 侮聖人之言."

孔子曰 : "生而知之者上也, 學而知之者次也, 困而學之, 又其次也. 困而不學, 民斯爲下矣."

孔子曰 : "君子有九思 : 視思明, 聽思聰, 色思溫, 貌思恭, 言思忠, 事思敬, 疑思問, 忿思難, 見得思義."

孔子曰 : "見善如不及, 見不善如探湯. 吾見其人矣, 吾聞其語矣. 隱居以求其志, 行義以達其道, 吾聞其語矣, 吾未見其人也. 齊景公有馬千駟, 死之日, 民無得而稱焉. 伯夷叔齊, 餓於首陽之下, 民到於今稱之, 其斯之謂與?"

陳亢問於伯魚曰：“子亦有異聞乎?”對曰：“未也. 嘗獨立, 鯉趨而過庭, 曰‘學詩乎?’對曰：‘未也.’ ‘不學詩, 無以言.’鯉退而學詩. 他日又獨立, 鯉趨而過庭, 曰：‘學禮乎?’對曰；‘未也.’ ‘不學禮, 無以立.’鯉退而學禮. 聞斯二者.”陳亢退而喜曰：“問一得三：聞詩, 聞禮, 又聞君子之遠其子也.”

邦君之妻, 君稱之曰 “夫人”, 夫人自稱曰 “小童”, 邦人稱之曰 “君夫人”, 稱諸異邦曰 “寡小君”, 異邦人稱之亦曰 “君夫人”

제17편 양화(陽貨)

■ 孔子時其亡也 而往拜之

공자가 그가 없을 때를 기다려 찾아가 인사를 드린다.

{양화(陽貨)가 공자를 만나고자 하였으나, 공자가 만나주지 않았다. 그러자 다시 양화가 공자에게 삶은 돼지를 선물로 보냈는데, 공자는 그가 없는 틈을 타서 사례하러 갔다가 길에서 만났다.}

【故事】양화가 공자에게 말하기를, "훌륭한 보배를 품고서 나라가 어지러운 것을 두고 보는 것을 인(仁)이라 할 수 있겠소?"하니 공자가, "할 수 없소."하고 대답했다. 양화가, "종사(從事)하기를 좋아하면서 자주 때를 놓치는 것을 지혜롭다고 할 수 있겠소(好從事而亟失時 可謂知乎)?"하니, 공자는, "지혜롭다 할 수 없소."하였다. 양화가, "해와 달이 가니 세월은 나를 위해 기다려주지 않소."하니, 공자가 "알았소. 내 장차 벼슬을 할 것이오(吾將仕矣)."하였다.

노(魯)나라 대부 양화(陽貨)가 공자를 끌어들여 자기와 대면하려고 생각하고 그 계략으로서 공자의 부재 시를 노려 선물을 했다. 당시의 예법(禮法)에 대부(大夫)가 사(士)에게 선물을 하였는데, 사(士)가 자기 집에서 직접 받지 못하였으면 대부의 집에 찾아가 사례하여야 한다는 점을 이용한 것이다. 그래서 공자가 집에 없을 때 삶은 돼지를 선물하여 공자로 하여금 와서 사례하게 하려고 한 것이다. 그러자 공자 역시 양호가 집에 없는 틈을 타서 사례를 하러 갔다가 돌아오는 길에 마주치게 되었던 것이다.

■ 性相近也 習相遠也
성 상 근 야　습 상 원 야

사람의 천성은 서로 비슷하지만, 습성으로 서로가 멀어진다.

*性 ; 성품. 習 ; 익히다.

{타고난 본성은 서로 비슷하지만, 습성에 따라 서로 멀어지게 된다.}

■ 割鷄焉用牛刀
할 계 언 용 우 도

닭을 잡는 데 소 잡는 큰 칼을 쓸 필요까지는 없다.

*割 ; 나누다. 焉 ; 어찌.

【名言】할계언용우도(割鷄焉用牛刀) ; "닭을 잡는 데 어

찌 소 잡는 칼을 쓰리오?" 공자와 제자 자유(子游)와의 사
이에 오고 간 말 가운데 나오는 말이다.

자유가 무성(武城) 원으로 있을 때다. 공자는 몇몇 제자
들과 함께 무성으로 간 일이 있다. 고을로 들어서자 여기저
기서 음악소리가 들려 왔다. 그 음악소리가 아주 공자의 마
음을 흡족하게 해주었던 모양이다. 자유는 공자에게 무위자
연(無爲自然)의 정치사상을 배운 사람이기도 했다.

《예기》예운편(禮運篇)에 나오는 공자의 대동사상(大
同思想)도 공자가 자유에게 전한 말이다. 예(禮)는 자연의
질서를 말한다. 인간사회의 질서를 법으로 강요하지 않고,
자연의 도덕률에 의해 이끌어 나가는 것이 예운(禮運)이다.

자유는 음악으로 사람의 마음을 순화시켜 자발적으로 착
한 일에 힘쓰게 만드는 그런 정책을 쓰고 있었던 것 같다.
공자는 그 음악소리에 만족스런 미소를 띠며, "닭을 잡는
데 어찌 소 잡는 칼을 쓰리오(割鷄焉用牛刀)." 하고 제자들
을 돌아보았다.

이 말은, 조그만 고을 하나를 다스리는 데 나라와 천하를
다스리기에도 충분한 예악(禮樂)을 쓸 것까지야 없지 않느
냐는 뜻으로 재주를 아까워하는 한편, 그를 못내 자랑스럽
게 생각한 데서 나온 말이다. 자유가 공자의 이 말이 농담

인 줄을 몰랐을 리는 없다. 그러나 스승의 말씀을 농담으로만 받아넘길 수도 없는 일이다.

그래서 자유는, "선생님께서 일찍이 말씀하시기를, 『군자는 도를 배우면 사람을 사랑하게 되고, 소인은 도를 배우면 부리기가 쉽다.』고 하셨습니다." 하고 비록 작은 고을이나마 최선을 다하는 것이 도리인 줄 안다는 뜻을 말했다. 군자나 소인에게나 다 같이 도가 필요하듯이, 큰 나라나 작은 지방이나 다 그 나름대로 예악이 필요하지 않겠습니까 하는 대답이다.

공자도 자유가 그렇게 나오자, 농담이었다는 것을 말하지 않을 수 없었다. 그래서 제자들을 다시 돌아보며, "자유의 말이 옳다. 아까 한 말은 농담이었느니라." 하고 밝혔다.

■ 君子學道則愛人 小人學道則易使
군자학도즉애인 소인학도즉이사

군자가 도를 배우면 사람을 사랑하고, 소인이 도를 배우면 부리기 쉽다.

공자가 무성에 가 현악기를 연주하며 부르는 노래를 들었다. 공자는 빙그레 미소 지으며 말했다. "닭을 잡는 데 어찌 소 잡는 칼을 쓰겠느냐?"

자유가 대답하였다. "예전에 선생님께 듣기로는 『군자가 도(道)를 배우면 남을 사랑하고, 소인이 도를 배우면 부리기가 쉽다.』고 하셨습니다."

공자가 말했다. "자유의 말이 옳다. 아까 한 말은 농담이었느니라."(*위 항목 참조)

■ 如有用我者 吾其爲東周乎
여 유 용 아 자   오 기 위 동 주 호

"나를 써 주는 사람이 있다면, 나는 그곳을 동쪽의 주(周)나라로 만들 것이다."

【故事】공산불요(公山弗擾)가 비 땅(費畔)을 근거지로 하여 반란을 일으키고 공자를 부르자, 공자가 가려고 하였다. 그러자 자로가 내키지 않아 말했다. "가실 데가 없으시면 그만이지, 하필이면 공산씨(公山氏)에게로 가려 하십니까?" 공자가 말했다. "나를 부르는 사람이 어찌 공연히 그러겠느냐? 나(공자)를 등용해 써 주는 사람이 있다면, 나는 그곳을 동쪽의 주나라로 만들 것이다(夫召我者 而豈徒哉 如有用我者 吾其爲東周乎)."

공자는 문왕(文王)이나 무왕(武王)처럼 성군이 있던 서주(西周)에 비길 만한 훌륭한 정치를 동주(東周)에도 실현시켜 보겠다는 포부를 내비친 것이다.

노나라 정공(定公) 때 공산불요가 계씨(季氏)에게 불만을
품고 계씨의 가신 양호(陽虎)와 함께 계환자(季桓子)를 억
류하고 공자를 초빙하자, 공자는 이 기회를 이용하여 자신
의 도를 펼쳐보고자 했던 것이다.

마 이 불 린
■ 磨而不磷

갈고 닦아도 얇아지지 않는다.
　*磨 ; 갈다. 磷 ; 얇은 돌.
　【故事】다시 필힐(佛肸 ; 魯나라 사람)이 공자를 초빙하
자, 공자가 가려고 하였다. 자로가 말했다. "예전에 제가 선
생님께 듣기로는 『직접 선하지 않은 일을 하는 사람 속으
로 군자는 들어가지 않는다』고 하셨습니다. 필힐은 중모
땅을 가지고 반란을 일으켰는데, 선생님께서 가시려 하니
무슨 까닭입니까?"
　공자가 말했다. "그렇다. 이런 말이 있느니라. 단단하다고
이르지 않았느냐. 갈아도 얇아지지 않느니라. 희다고 이르
지 않았느냐. 검은 물을 들여도 검어지지 않느니라. 내 어찌
뒤웅박과 같아서 한 곳에 매달려 있어서 먹지 못하는 것과
같겠는가(然 有是言也 不曰堅乎 磨而不磷 不曰白乎 涅而不
緇 吾豈匏瓜也哉 焉能繫而不食)?"

굳고 여문 물건은 아무리 갈고 닦아도 얇게 되지 않는다. 이와 같이 정신이 굳고 여물다면 어떤 환경에 처해 있어도 꺾이거나 쓸모없이 되는 법은 없다.

■ 吾豈匏瓜也哉? 焉能繫而不食
오기포과야재   언능계이불식

내가 어찌 표주박이겠는가? 어찌 걸려있기만 하고 먹지 않을 수 있는가? (위 항목 참조)

■ 禮云禮云 玉帛云乎哉
예운예운 옥백운호재

예(禮)다, 예(禮)다 하는데, 옥과 비단을 이르는 것인가?
　{세상에서는 예의, 예의 하고 말하고 있지만, 그 예의란 형식적으로 옥이나 비단 같은 것을 보내 선물하는 것이 아니다. 어디까지나 공경하는 마음에서 우러나오는 것이라야 한다.}

■ 樂云 樂云 鐘鼓云乎哉
악운 악운 종고운호재

악(樂)이다, 악(樂)이다 하는데, 종과 북을 이르는 것인가?

{음악이라, 음악이라 하지만 종이나 북을 치는 것만이 음악이 아니다. 음악의 본질은 사람의 마음을 즐겁게 해 주는 데 있다.}

■ 道聽而塗說 德之棄也
도 청 이 도 설   덕 지 기 야

길에서 듣고 길에서 말하면 덕을 버리는 것이다.

*塗 ; 칠하다, 길. 棄 ; 버리다.

{무슨 말을 들으면 그것을 깊이 생각지 않고 다시 옮기는 경박한 태도를 이르는 말.}

【名言】도청도설(道聽塗說) ; 아무렇게나 듣고 아무렇게나 말하는 것을 가리켜 『도청도설』이라고 한다. 길에서 들은 것을 길에서 이야기한다는 뜻이다. 공자는 "길에서 듣고 길에서 이야기하는 것은 덕을 버리는 것이다(道聽而塗說 德之棄也)."라고 했다.

"앞의 길(道)에서 들은 좋은 말(道聽)을 마음에 간직해서 자기 수양의 길잡이로 하지 않고, 뒤의 길에서 바로 다른 사람에게 말해 버리는(塗說) 것은 스스로 그 덕을 버리는 것과 같은 것이다. 선언(善言)은 전부 마음에 잘 간직해서 자기 것으로 하지 않으면 덕을 쌓을 수 없다."

몸을 닦고(修身), 집안을 정제하고(齊家), 나라를 다스리고(治國), 천하를 평정해서(平天下) 천도(天道)를 지상에 펴는 것을 이상으로 한 공자는 그러기 위해서 사람들이 엄하게 자기를 규율하고, 인덕을 쌓아 실천해 갈 것을 가르쳤다. 그리하여 덕을 쌓기 위해서는 끊임없는 노력이 필요하다는 것을 《논어》에서 가르치고 있다.

후한의 반고(班固)가 지은 《한서(漢書)》 예문지에는, "무릇 소설(小說)의 시초는 군주가 일반 서민의 풍속을 알기 위해 하급관리에게 명해서 서술시킨 데서부터 시작된다. 즉 세상 이야기나 거리의 소문은 『도청도설』하는 자들이 만들어낸 것이다."라고 씌어 있다.

소설이란 말은 이런 의미로서, 원래는 『패관(稗官 : 하급관리)소설』이라고 했으나 후에 그저 소설(小說)이라 부르게 되었다.

또 《순자》 권학편에는, "소인의 학문은 귀에서 들어와 바로 입으로 빠지며 조금도 마음에 머무르게 하지 않는다. 입과 귀 사이는 약 네 치, 이 정도의 거리를 지나게 될 뿐으로서 어찌 7척의 신체를 미화할 수 있겠는가. 옛날, 학문을 하는 사람은 자기를 연마하기 위해 노력했으나, 지금 사람은 배운 것을 곧 남에게 알려 자기 것으로 하겠다는 생각이 없다. 군자의 학문은 자기 자신을 아름답게 하는 데 반해, 소인들의 학문은 인간을 못 쓰게 만들어 버린다. 그래서 묻지도 않은 말을 입 밖에 내고 만다. 이것을 듣기 싫다 하고, 하나를 묻는데 둘을 말하는 것을 수다라고 한다. 어느 것도 좋지 않다. 진정한 군자란 묻지 않으면 대답하지 않고 물으면 묻는 것만을 대답한다."라고 하여 다언(多言)을 경계하고 있다.

어느 세상이거나 오른쪽에서 들은 말을 왼쪽으로 전하는 수다쟁이와 정보통이 많다. 더구나 입에서 입으로 전해지는 동안에 점점 날개가 달리게 된다.

"이런 인간들은 세상에 도움이 되지 않는다."라고 공자, 순자는 말하고 있다. 또 자기에게 학문이 있다는 것을 선전하는 자, 소위 현학적(衒學的) 행위도 삼가야 한다고 했다. 생각과 실천이 따르지 않는 공부는 곧 길에서 듣고 길에서 말하는 것과 별로 다를 것이 없는 것이다.

《도덕경(道德經)》 제5장에서도, "말이 많을수록 자주 궁색해지니 속을 지키는 것만 못하다(多言數窮 不如守中)."라고 했듯이, 『다언삭궁(多言數窮)』은 오늘날 자신이 내뱉은 말로 자신이 곤경에 처하게 되는 자승자박(自繩自縛)의 곤경에 처하지 않도록 말을 신중히 해야 한다는 말이다.

■ 未得之也 患得之 既得之 患失之
　미 득 지 야　환 득 지　기 득 지　환 실 지

소인은 지위를 얻지 못했을 때는 지위를 얻을 것만 생각하고, 지위를 얻은 후에는 그 지위를 잃지 않을까 근심을 한다. 진실로 잃을까 근심하게 되면 못하는 짓이 없게 된다.

{공자가 말했다. "비루한 사람과 함께 임금을 섬길 수 있겠는가(鄙夫可與事君也與哉)? 원하는 것을 아직 얻지 못했을 때는 얻으려고 근심하고, 이미 얻고 나서는 잃을까 근심을 한다. 진실로 잃을까 근심하게 되면 못하는 짓이 없게 된다."}

■ 古之愚也直　今之愚也詐而己矣
　고 지 우 야 직　금 지 우 야 사 이 기 의

옛날의 어리석은 사람은 고지식했는데, 오늘날의 어리석은 사람은 속임수로 그러할 뿐이다.

*直 ; 바르다. 愚 ; 어리석다. 詐 ; 속이다.

{옛날 어리석은 자는 어리석어도 그래도 정직했다. 지금의 어리석은 자는 어리석고 또 그 위에 남과 자기를 속이는 악을 지니고 있다.}

■ 惡^오紫^자之^지奪^탈朱^주也^야

자주색이 붉은색을 탈취하는 것을 미워한다.

*紫 ; 자줏빛. 奪 ; 빼앗다.

【故事】 공자께서 말씀하셨다. "나는 자주색이 붉은색을 탈취하는 것을 미워하고, 정나라의 음악이 아악을 어지럽히는 것을 미워한다(惡紫之奪朱也 惡鄭聲之亂雅樂也 惡利口之覆邦家者)."

옳지 않은 것이 옳은 것을 이기고, 소인(小人)이 현자를 능가함의 비유. 주(朱)는 붉은색. 중국 고대에는 청(靑)·적(赤)·황(黃)·백(白)·흑(黑)이 바른 색으로 여겨지고, 또한 의복 등에도 쓰였다. 춘추시대에 자줏빛이 크게 유행하여 정색(正色)을 능가하게 된 데서 전통적인 사회질서가 어지러워지고 부정이나 사악(邪惡)이 만연하는 경향을 색에 비유하여 평한 것이다.

■ 天^천何^하言^언哉^재 四^사時^시行^행焉^언 百^백物^물生^생焉^언 天^천何^하言^언哉^재

하늘이 무슨 말을 하더냐? 그러나 사시가 움직여서 만물이 생겨나는 것이다. 하늘이 무슨 말을 하더냐?

【名言】 천하언재(天何言哉) ; 공자가 하루는 자공이 듣는

앞에서, "나는 이제 말을 하지 말았으면 한다(予欲無言)." 하고 혼잣말처럼 했다.

자공이 가만있을 리 만무했다. "선생님께서 말씀을 하지 않으시면 저희들이 무엇을 배울 수 있습니까?" 하고 묻자, 공자는, "하늘이 어디 말을 하더냐. 사시(四時)가 제대로 운행되고 온갖 물건들이 다 생겨나지만, 하늘이 어디 말을 하더냐(天何言哉 四時行焉 百物生焉 天何言哉)?" 하고 대답했다.

『천하언재』는 "하늘이 무슨 말을 하겠느냐?"라는 뜻이다. 이 말은 여러 가지 의미로 쓰일 수 있다.

"하늘이 어떻게 말을 할 수 있겠느냐. 귀로 들으려 하지 말고 마음으로 생각해서 알아라." 하는 뜻도 될 수 있고, "하늘이 무슨 말을 하더냐. 그래도 다 할 일을 하고 있다."라는 뜻도 될 수 있으며, 또 그 밖에도 달리 해석될 수 있다.

자공의 공부가 이제 말 없는 가운데 진리를 깨달아야 할 단계에 이르렀기 때문에 공자는 이 같은 말을 했을 것이다. 그러나 한편 공자의 이 말은 하늘과 같은 경지에 있는 자신의 심경을 말한 것으로도 볼 수도 있다.

■ 飽食終日 無所用心 難矣哉
_{포 식 종 일   무 소 용 심   난 의 재}

하루 종일 배불리 먹기만 하고 마음 쓰는 데가 없으면 참으로 딱한 일이다.

【故事】 공자가 말했다. "하루 종일 배불리 먹기만 하고 마음 쓰는 데가 없으면 참으로 딱한 일이다. 장기나 바둑이라도 있지 않는가? 차라리 그걸 노는 편이 낫지 않겠는가."

박(博)의 고자(古字)는 박(簙)이며 이는 12줄로 되어 있는 국면(局面)에서 흑과 백 6말로 되어 있는 고누를 말한다. 기(棊)는 기(棋) 또는 기(碁)라고도 쓰며 바둑을 의미하는데, 산해관(山海關) 이동의 노(魯)나라나 제(齊)나라 지방에서는 이를 혁(奕)이라고 불렀다. 당나라 이전의 바둑은 가로 세로 17줄에 289점이었고, 현재는 가로 세로 19줄에 361점이다. 장기는 한(漢)나라 이후의 놀이로서 국희(局戱)의 하나이다.

■ 有勇而無義爲亂
_{유 용 이 무 의 위 란}

용기만 있고 의가 없으면 세상을 어지럽히게 된다.

【名言】 유용이무의위란(有勇而無義爲亂) ; 공자의 제자 가운데 자로는 가장 용맹이 뛰어난 사람이었다. 공자가 이

렇게 말한 적이 있다. "유(由, 자로)가 내 문에 들어온 뒤로 사람들이 우리를 업신여기는 일이 없어졌다."

그러나 공자는 자로의 용력 때문에 늘 걱정을 했다. 그래서 공자는 자로가 용기에 대한 말만 하면 일깨워 주곤 했다.

자로가 물었다. "군자도 용기를 숭상합니까?"

공자는 이렇게 대답했다. "군자는 의(義)를 상(上)으로 하고 있다. 군자가 용기만 있고 의가 없으면 반란을 일으키게 되고, 소인이 용기만 있고 의가 없으면 도둑질을 하게 된다(君子有勇而無義爲亂 小人有勇而無義爲盜)."

훗날 자로는 위나라 내란에 뛰어들었다가 죽고 말았다. 공자는 내란이 일어났을 때 이미 자로가 죽을 것을 걱정했었던 것이다.

■ 女子與小人 爲難養也 近之則不遜 遠之則怨
  여 자 여 소 인   위 난 양 야   근 지 즉 불 손   원 지 즉 원

여자와 소인(小人)은 다루기 어렵다. 가까이하면 불손하고 멀리하면 원망한다.

*遜 ; 겸손하다.

{여기서 여자란 일반적인 여성을 뜻하는 것이 아니라, 특정 일부의 여성을 지칭하는 것으로 이해해야 한다. 물론 소

인에는 남자도 있고 여자도 있다. 즉 여기서 지칭하는 소인이 모든 남자를 지칭하는 것이 아니듯, 여자도 모든 여성을 일컫는 것이 아니다. "소인은 다루기 어렵다(小人難養)."는 말은 시대를 막론하고 맞는 말이다.

공자 생전에도 양성의 차별은 존재했고, 공자 역시 그런 생각을 가지고 있었으리라 생각할 수도 있지만, 일반적으로 알려진 유교의 남존여비 사상은 송나라 때 주자에 와서 성리학이라는 이름으로 유교가 완전히 체계화되면서 가부장적 지배의 논리로 확정화된 것이라고 보는 것이 맞을 것이다.}

■ 年四十而見惡焉 其終也已

나이 40이 되어서도 미움을 받으면 거기서 끝난 것이다.

{40은 덕을 이룬 때다. 사람에게 미움을 받으면 여기서 그칠 뿐이다(四十 成德之時 見惡於人 則止於此而已).}

陽貨篇 第十七

陽貨欲見孔子, 孔子不見, 歸孔子豚, 孔子時其亡也而往拜之, 遇諸途, 謂孔子曰 : "來, 予與爾言. 曰 : 懷其寶, 而迷其邦. 可謂仁乎?" 曰 : "不可." "好從事而亟失時, 可謂知乎?" 曰 : "不可." "日月逝矣, 歲不我與." 孔子曰 : "諾. 吾將仕矣."

子曰 : "性相近也, 習相遠也."

子曰 : "唯上智與下愚不移."

子之武城, 聞弦歌之聲, 夫子莞爾而笑曰 : "割雞焉用宰牛刀." 子遊對曰 : "昔者偃也聞諸夫子曰 : '君子學道則愛人, 小人學道則易使也.'" 子曰 : "二三子, 偃之言是也. 前言戲之耳."

公山弗擾以費畔, 召, 子欲往, 子路不說, 曰 : "末之也已, 何必公山氏之之也!" 子曰 : "夫召我者豈徒哉! 如有用我者, 吾其爲東周乎!"

子張問仁於孔子, 孔子曰 : "能行五者於天下, 爲仁矣." 請問之. 曰 : "恭寬信敏惠. 恭則不侮, 寬則得眾, 信則人任焉, 敏則有功, 惠則足以使人."

佛肸召, 子欲往. 子路曰 : "昔者由也聞諸夫子曰 : 親於其身爲不善者, 君子不入也. 佛肸以中牟畔, 子之往也如之何?"

子曰 : "然. 有是言也 : 不曰堅乎, 磨而不磷 ; 不曰白乎, 涅
而不緇. 吾其匏瓜也哉? 焉能繫而不食."

子曰 : "由也, 汝聞六言六蔽矣乎?" 對曰 : "未也." "居,
吾語汝. 好仁不好學, 其蔽也愚 ; 好知不好學, 其蔽也蕩 ; 好
信不好學, 其蔽也賊 ; 好直不好學, 其蔽也絞 ; 好勇不好學,
其蔽也亂 ; 好剛不好學, 其蔽也狂."

子曰 : "小子, 何莫學夫詩? 詩可以興, 可以觀, 可以群,
可以怨. 邇之事父, 遠之事君. 多識於鳥獸草木之名."

子謂伯魚曰 : "汝爲周南召南矣乎?　人而不爲周南召南,
其猶正牆面而立也與?"

子曰 : "禮云禮云, 玉帛云乎哉? 樂云樂云, 鍾鼓云乎哉?"

子曰 : "色厲而內荏, 譬諸小人, 其猶穿窬之盜也與?"

子曰 : "鄕愿, 德之賊也."

子曰 : "道聽而途說, 德之棄也."

子曰 : "鄙夫, 可與事君也與哉? 其未得之也, 患得之 ; 既
得之, 患失之. 苟患失之, 無所不至矣."

子曰 : "古者民有三疾, 今也或是之亡也. 古之狂也肆, 今
之狂也蕩 ; 古之矜也廉, 今之矜也忿戾 ; 古之愚也直, 今之愚
也詐而已矣."

子曰：“巧言令色, 鮮矣仁.”

子曰：“惡紫之奪朱也, 惡鄭聲之亂雅樂也, 惡利口之覆家邦者.”

子曰：“予欲無言.”子貢曰：“子如不言, 則小子何述焉?”子曰 ：“天何言哉. 四時行焉, 百物生焉. 天何言哉!”

孺悲欲見孔子, 孔子辭以疾, 將命者出戶, 取瑟而歌, 使之聞之. 宰我問：“三年之喪, 期已久矣. 君子三年不爲禮, 禮必壞；三年不爲樂, 樂必崩. 舊穀既沒, 新穀既升, 鑽燧改火, 期可已矣.”子曰：“食夫稻, 衣夫錦, 於汝安乎?”曰：“安.”“汝安則爲之. 夫君子之居喪, 食旨不甘, 聞樂不樂, 居處不安, 故不爲也. 今汝安, 則爲之.” 宰我出, 子曰：“予之不仁也. 子生三年, 然後免於父母之懷. 夫三年之喪, 天下之通喪也. 予也有三年之愛於其父母乎?”

子曰：“飽食終日, 無所用心, 難矣哉! 不有博弈者乎, 爲之猶賢乎已.”

子路曰：“君子尚勇乎?”子曰：“君子義以爲上, 君子有勇而無義爲亂, 小人有勇而無義爲盜.”

子貢曰：“君子亦有惡乎?”子曰：“有惡. 惡稱人之惡者, 惡居下流而訕上者, 惡勇而無禮者, 惡果敢而窒者.”曰：“賜也亦有惡乎. 惡徼以爲知者, 惡不孫以爲勇者, 惡訐以爲直者."

　　子曰 : "唯女子與小人爲難養也. 近之則不孫, 遠之則怨."

　　子曰 : "年四十而見惡焉, 其終也已."

제18편 미자(微子)

■ 微子去之 箕子爲之奴 比干諫而死

미자는 그를 떠나갔고, 기자는 종이 되었으며, 비간은 간(諫)하다가 죽었다.

【故事】 "……공자는 『은나라에는 세 사람의 인자(仁者)가 있었다.』 라고 말했다." 는 구절이 있다. 미자, 기자, 비간 세 사람은 모두 은나라 사람인데, 그들은 모두 은나라 주왕에게 간하였다. 주왕이 듣지 않자 미자는 떠나가 버렸고, 기자는 머리를 풀어헤치고 미친 체하고 종으로 되었으며, 비간은 주왕이 노하자 가슴을 가르고 죽었다.}

■ 以季孟之間待之

계씨와 맹씨 사이에 해당하는 대우를 하라.

*季 ; 끝, 막내. 孟 맏이. 待 ; 대우하다.

{상대를 보아서 적절하게 접대하라는 것을 말한다.}

【名言】 계맹지간(季孟之間) ; 계씨와 맹씨 사이에 해당하는 대우를 하라는 뜻으로, 알맞은 접대를 이르는 말. 상대편을 보아서 적절하게 접대하라는 것을 말한다.

노나라에는 계손(季孫)과 맹손(孟孫), 숙손(叔孫) 세 대 귀족이 있었는데, 이 세 집안이 노국의 삼경(三卿)을 차지해서 권세가 대단하였다. 노문공 이후에 노선공부터 이 세 집안의 권세가 모두 왕보다 더 커져버렸다. 특히 계손씨는 몇 대에 걸쳐 노나라의 정권을 좌지우지하였다.

공자가 35세일 때 노(魯) 소공(昭公)은 이 세 집안에게 크게 패하여 제(齊)나라로 도망을 갔고, 이어서 노나라 안에서 내란이 발생하여 공자도 제나라로 가게 되었다. 공자가 제나라에 있을 때 잠시 제나라의 대부 고소자(高昭子)의 집에 있었다. 그는 고소자와의 관계를 통해 제 경공(景公)에게 접근해서 초빙되기를 희망하였다.

5년 전 제경공은 노국을 방문한 일이 있었는데, 그 때 공자와 이야기를 나눈 적이 있었다. 공자가 제나라에 와서 제경공과 면담을 한 차례 이상 했고, 제 경공은 공자를 만날 때마다 자문을 구했는데, 그의 대답은 제 경공의 흥미를 끌었다.

이로 인해 제 경공은 공자에게 봉직을 내릴 준비를 하였다. 그런데 당시 대부였던 안영(晏嬰)이 동의를 해주지 않았다. 안영의 생각에 공자의 사상은 현실과 맞지 않아 믿을 수 없다는 것이었다. 이 때문에 제 경공도 공자에게 더 이

상 자문을 구하지 않게 된다. 그러나 제 경공은 공자에게 예의를 차리기 위해 다시 국빈으로 초대했다. 제 경공은 공자를 초대하는 사람에게 명령했다.

"공자를 계손과 비교한다면 조금 높고 맹손과 비교한다면 조금 낮으니 계손과 맹손 사이로 대우하도록 하라."

이로부터 『계맹지간』의 성어가 생겨났다.

■ 鳳兮 鳳兮 何德之衰
　봉혜　봉혜　하덕지쇠

봉황이여, 봉황이여, 너는 어떻게 이렇듯 덕이 쇠퇴했는가!

*鳳 ; 봉새. 兮 ; 어조사.

{봉황은 세상에 도(道)가 행해지면 나타나고, 그렇지 않으면 숨는다고 한다. 그런데 지금처럼 도(道)를 잃어버린 이때에 나타났다는 것은 어찌된 일인가? 봉황의 덕도 쇠한 것이구나. 세상을 구하고자 동분서주하는 공자를 봉황에 비유해서 풍자한 초(楚)나라 은자(隱者) 접여(接與)의 말.}

【故事】초나라의 미치광이 접여가 노래를 부르면서 공자의 앞을 지나가며 말하였다. "봉황이여! 봉황이여! 어찌 그렇게 덕이 쇠미해졌는가? 지난 일은 바로잡을 수 없지

만, 앞으로의 일은 그래도 해볼 만한 것이다. 아서라! 요즘
의 정치가들은 위태롭구나.”

공자가 수레에서 내려 그와 이야기를 하고자 하였으나,
종종걸음으로 피하여 그와 더불어 이야기하지 못했다.

■ 是知津矣

그가 나루터를 알 것이네.

*津 ; 나루.

{저 자가 공자인가? 공자라면 나루가 있는 곳쯤은 알고
있을 만한데. 천하를 주유(周遊)하는 그가 아닌가. 평천하
(平天下)를 위해 주유하던 공자가 문인 자로(子路)에게 나
루가 있는 곳을 묻게 한 데 대해 장저(長沮)가 공자가 아직
도 정치에 집착하고 있다고 생각하여 비꼬아서 한 말이다.}

■ 鳥獸不可與同群

새와 짐승을 같이 벗하고 살 수는 없다.

【名言】조수불가여동군(鳥獸不可與同群) ; 생각이 서로
다른 사람과는 함께 일을 도모할 수 없다는 말이다.

공자가 이 말을 하게 된 데는 그만한 사연이 있다. 공자

가 초나라에서 채(蔡)나라로 돌아올 때의 일이다. 장저(長沮)와 걸익(桀溺) 두 은사가 함께 밭갈이하고 있는 곳을 지나게 된 공자는 자로를 시켜 그들에게 나루터로 가는 길을 물어보고(子路問津) 오라고 시켰다.

자로는 먼저 장저에게 길을 물었다. 그러자 장저는 묻는 말에는 대답하지 않고 자로에게 물었다. "저 고삐를 잡고 수레에 앉아 있는 사람은 누군가?"

"공구(孔丘 : 구는 공자의 이름)입니다."

"그럼 바로 노나라의 공구인가?"

"그렇습니다."

"그 사람이라면 나루터를 알고 있을 것이 틀림없다." 하고 더는 상대를 해주지 않았다.

그래서 자로는 걸익에게 물었다. 그러자 걸익은, "자네는 누군가?" 하고 물었다.

"중유(仲由 : 자로의 성과 이름)입니다."

"그럼 공구의 제자인가?"

"그렇습니다."

"걷잡을 수 없이 흘러가는 것이 세상인데 누가 이를 바꿔놓을 수 있겠는가. 그리고 자네도 사람을 피해 천하를 두루 돌고 있는 공구를 따라다니는 것보다는, 세상을 피해 조

용히 살고 있는 우리를 따르는 것이 좋지 않겠는가." 하고
는 뿌린 씨앗을 덮기에 바빴다.

자로는 돌아와 두 사람들과의 대화를 그대로 공자에게
보고했다. 그러자 공자는 서글픈 표정을 지으며 말했다.

"금수와는 함께 무리를 지을 수 없다. 내가 이 사람의
무리와 함께하지 않고 누구와 함께하겠는가. 천하에 도가
있다면 내가 바로잡을 필요도 없지 않겠는가(鳥獸不可與同
群 吾非斯人之徒與而誰與 天下有道 丘不與易也)."

장저와 걸익이 자로에게 한 말은 물론 이미 개혁의 여지
가 없는 세상을 두고 고심하는 공자에 대한 연민에서 비롯
되었을 것이다. 이런 사실을 누구보다도 공자가 가장 잘 알
고 있었다. 천하에 도가 미만해서 실천되는 날이 가까운 장
래에 오지 않는다고 해도 그런 세상이 오도록 힘쓰는 노력
까지 포기할 수는 없다는 것이다. 이 때문에 공자는 늘 외
로운 선지자로 자리할 수밖에 없었다.

세상을 건지려는 성자의 안타까움을 엿볼 수 있다.

여기서 "나루터를 묻는다"는 뜻의 『문진(問津)』은
이후 진리의 소재를 묻는 일을 비유하는 말이 되었다. 그리
고 그 물음에 대한 답변을 들은 것을 『문명(問命)』이라고
한다.

四體不勤 五穀不分
사 체 불 근 　오 곡 불 분

사지를 부지런히 움직이지 않고, 오곡을 구분할 줄도 모른다.

*勤 ; 부지런하다. 分 ; 구별하다.

【名言】 사체불근오곡불분(四體不勤五穀不分) ; 글만 읽는 선비들을 조롱하는 말이다.

어떤 농부가 공자의 제자인 자로에게 한 말이라고 한다.

공자는 60세를 넘긴 뒤에도 제후의 초빙을 받아볼까 해서 여러 나라를 돌아다녔지만 일은 뜻대로 되지 않았다. 어느 날, 공자는 여느 때와 마찬가지로 몇몇 제자들과 함께 어려운 길을 걷고 있었는데, 제자 자로(子路)는 뒤처져 떨어지게 되었다.

이때 뒤쳐진 자로가 밭에서 김을 매는 농부를 보고 물었다. "저희 스승님을 보지 못했습니까?"

그러자 농부는 이렇게 대답했다. "사지를 놀리기 싫어하고 오곡도 분간하지 못하는 사람을 어찌 스승이라 할 수 있소(四體不勤 五穀不分 孰爲夫子)."

자로가 무안해서 머리를 숙이고 공손히 서 있자, 농부는 자로가 예절 있는 사람임을 알고 집에 데려가 푸짐하게 음식을 대접하였다. 이튿날, 자로는 일행을 뒤쫓아가 공자에게 그 농부와 만난 일에 대하여 이야기하였다. 공자는 "그 사람은 은자(隱者)이다."라고 말하고는 자로에게 되돌아가서 그를 다시 만나보도록 하였으나, 그 농부는 온데간데 없었다고 한다.

이 말은 어디라도 자신이 본받을 만한 것은 있다는 말이다.

■ 隱居放言
은거방언

은거하여 살면서 자기의 생각을 모두 토파(吐破)함.

【名言】 은거방언(隱居放言) ; 은거(隱居)는 세상에 나아가 활동을 하지 않고 조용히 집에서 사는 것을 말한다. 꼭 숨어서 사는 것이 은거는 아니다. 방언(放言)은 말을 함부로 한다는 뜻이다.

일민(逸民 : 출세를 못한 사람)에, 백이·숙제·우중(虞仲)·이일(夷逸)·주장(朱張)·유하혜(柳下惠)·소련(少連) 등이 있었다.

공자가 말했다. "그 뜻을 굽히지 않고, 그 몸을 욕되지 않게 한 것은 백이와 숙제다."

또 유하혜와 소련에 대해서는 이렇게 말했다. "뜻을 굽히고 몸을 욕되게 했으나, 하는 말이 도리에 맞고 하는 행동이 이치에 맞았다. 그것뿐이다."

또 우중과 이일을 놓고 이렇게 말했다. "숨어 살며 말을 함부로 했으나, 몸을 깨끗이 지녔고, 버린 것이 권도(權道)에 맞았다(隱居放言 身中淸廢中權)."

공자는 끝으로 말하기를, "나는 이들과는 다르다. 나는 꼭 옳다는 것도 없고, 옳지 않다는 것도 없다(我則異於是 無可無不可)."

우중은 주 문왕(周文王)의 중부(仲父)로 아우인 왕계(王季)에게 태자의 자리를 물려주기 위해 맏형인 태백(泰伯)과 함께 병들어 누운 아버지 대왕의 약을 구하러 간다면서 멀리 남쪽 바닷가로 피해버린 사람이다. 즉 중옹(仲雍)을 말한다. 그것은 태백의 뜻을 따라 왕계에게 태자의 자리를 물려줌으로써 문왕으로 하여금 임금이 되게 하려는 나라와 천하를 위한 자기희생이었다. 이조시대의 양녕대군(讓寧大君)과 효령대군(孝寧大君)의 이야기를 연상케 하는 일을 한 것이다.

그들은 오(吳)나라로 가서 머리를 짧게 자르고 몸에 먹물로 그림을 그려 토인들과 같은 생활을 즐겼다고 한다. "버린 것이 권도에 맞았다(廢中權)."는 것은 바로 그들의 그런 자기희생이 대의를 위한 부득이한 처사였다는 이야기다. 그러나 우중과는 달리 장자 같은 사람이나 그 계통의 이른바 죽림칠현(竹林七賢), 도연명 같은 사람들도『은거방언』의 대표적인 사람으로 들 수 있을 것 같다.

공자가 말한 "옳다는 것도 옳지 않다는 것도 없다(無可無不可)."는 것은 이른바 시중(時中)을 말하는 것이다. 어떤 행동의 기준이나 철칙 같은 것이 없고, 그 때와 장소에 따라 맞게 하는 것을 말한다. 또 모든 것을 포용하는 하늘과 같은 심경을 말한 것으로도 볼 수 있다.

■ 無可無不可
무 가 무 불 가

가(可)도 불가(不可)도 없다.

{옳다는 것도 옳지 않다는 것도 없다. 즉 사람의 말과 행동이 중용을 취하여 지나치거나 모자람이 없음을 말한다.}

【名言】 무가무불가(無可無不可) ; 공자는 백이·숙제·우중(虞仲)·이일(夷逸)·주장(朱張)·유하혜(柳下惠)·소연(少連) 등 덕이 높아 벼슬하지 않고 세상에 나오지 않은 7명의 은자(隱者)에 대하여 말한 뒤, "나는 이 은자들과는 달라서 가한 것도 없고 불가한 것도 없다(我則異於是 無可

無不可).”고 했다.

공자는 벼슬해야 할 때 벼슬을 하고, 벼슬을 하지 말아야 할 때는 관직을 버리고 중용을 지켜 어긋남이 없다는 것을 말한다.

또한 “옳을 것도 옳지 않을 것도 없다”라는 뜻으로, 좋지도 나쁘지도 않다는 말로도 쓰인다. 《후한서》마원전(馬援傳)에, 중국 후한 초에 농서지방을 다스린 외효는 후한 광무제 유수(劉秀)와 우호관계를 맺으려고 부하 마원을 보냈다. 마원이 돌아와 광무제를 칭찬하면서, “한나라 고조 유방(劉邦)은, 『좋을 것도 없고 나쁠 것도 없지만(無可無不可)』광무제는 정치에 열정이 있고 거동은 절도가 있습니다.”라고 했다.

마원의 말을 들은 외효는 광무제와 우호를 맺기로 결정하였다. 하나의 입장을 주장하지 않고 중도(中道)를 지키거나, 잘잘못을 따질 것 없이 옳고 그름이 없음을 말한다.

■ 無求備御一人
　무 구 비 어 일 인

한 사람에게 모든 능력이 갖추어져 있기를 바라지 않는다.

*備 ; 갖추다. 御 ; 어거하다, 다스리다.

{사람이란 제각기 장점과 단점이 있다. 사람을 쓰는 데 있어 한 사람이 모든 것을 다 갖추고 있기를 바라서는 안 된다.}

微子篇 第十八

微子去之, 箕子爲之奴, 比干諫而死. 孔子曰："殷有三仁焉."

柳下惠爲士師, 三黜, 人曰："子未可以去乎?" 曰："直道而事人, 焉往而不三黜；枉道而事人, 何必去父母之邦."

齊景公待孔子, 曰："若季氏則吾不能, 以季孟之間待之." 曰："吾老矣, 不能用也."孔子行.

齊人歸女樂, 季桓子受之, 三日不朝, 孔子行.

楚狂接輿歌而過孔子曰："鳳兮鳳兮, 何德之衰. 往者不可諫, 來者猶可追. 已而已而, 今之從政者殆而."孔子下, 欲與之言, 趨而避之, 不得與之言.

長沮桀溺耦而耕, 孔子過之, 使子路問津焉. 長沮曰："夫執輿者爲誰?"子路曰："爲孔丘."曰："是魯孔丘與?"曰："是也."曰："是知津矣." 問於桀溺, 桀溺曰："子爲誰?"曰："爲仲由."曰："是魯孔丘之徒與?"對曰："然."曰："滔滔者天下皆是也, 而誰以易之. 且而與其從避人之士也, 豈若從避世之士哉?"耰而不輟. 子路行以告, 夫子憮然曰："鳥獸不可與同群, 吾非斯人之徒與而誰與? 天下有道, 丘不與易也."

子路從而後, 遇丈人, 以杖和苕, 子路問曰：“子見夫子乎？” 丈人曰：“四體不勤, 五穀不分, 孰爲夫子？”植其杖而耘. 子路拱而立, 止子路宿, 殺雞爲黍而食之, 見其二子焉. 明日, 子路行以告, 子曰：“隱者也.”使子路反見之, 至則行矣. 子路曰：“不仕無義. 長幼之節, 不可廢也. 君臣之義, 如之何其廢之. 欲潔其身, 而亂大倫. 君子之仕也, 行其義也, 道之不行, 已知之矣.”

逸民, 伯夷、叔齊、虞仲、夷逸、朱張、柳下惠、少連. 子曰：“不降其志, 不辱其身, 伯夷、叔齊與？”謂柳下惠、少連：“降志辱身矣. 言中倫, 行中慮, 其斯而已矣.”謂虞仲、夷逸：“隱居放言, 身中清, 廢中權.”“我則異於是, 無可無不可.”

太師摯適齊, 亞飯幹適楚, 三飯繚適蔡, 四飯缺適秦, 鼓方叔入於河, 播鼓武入於漢, 少師陽、擊磬襄入於海.

周公謂魯公曰：“君子不施其親, 不使大臣怨乎不以. 故舊無大故, 則不棄也. 無求備於一人.”

周有八士：伯達、伯適、仲突、仲忽、叔夜、叔夏、季隨、季騧.

제19편 자장(子張)

■ ^{존 현 이 용 중} 尊賢而容衆 ^{가 선 이 긍 불 능} 嘉善而矜不能

(군자는) 어진 사람을 존경하지만, 일반 사람들도 포용하며, 선한 사람을 칭찬하지만, 능하지 못한 사람도 동정한다.

*尊 ; 높다. 衆 ; 무리. 嘉 ; 칭찬하다. 矜 ; 불쌍히 여기다.

■ ^{수 소 도} 雖小道 ^{필 유 가 관 자 언} 必有可觀者焉 ^{치 원 공 니} 致遠恐泥

비록 작은 기예일지라도 거기에는 반드시 볼 만한 것이 있을 테지만, 깊이 들어가다 보면 아마 거기에 빠지게 될 것이다.

*小道 ; 조그만 재주. 焉 ; 於是(이에)와 같다. 恐 ; 아마. 致遠 ; 깊이 빠지는 것.

{비록 이단(異端)의 설이나 쓸데없는 속설이라도 반드시 얻을 바가 있다. 그러나 그런 설에 깊이 들어가게 되면 결국은 진흙탕에 빠져서 꼼짝 못하게 되는 것과 마찬가지다.}

■ ^{일 지 기 소 망} 日知其所亡 ^{월 무 망 기 소 능} 月無忘其所能 ^{가 위 호 학 야 이 의} 可謂好學也已矣

날로 모르는 것을 알아가고, 달마다 잘하는 것을 잊지 않는다면, 가히 배우기를 좋아한다고 할 수 있다.

　*忘 ; 잊다.

　{매일 자신을 돌아보아 부족한 점, 모르는 점을 발견하여 알려고 노력한다. 이것이 학문을 하는 사람이다.}

■ 博學而篤志 切問而近思 仁在其中矣

　널리 배우고 뜻을 독실하게 하며, 알뜰히 묻고 가깝게 생각하면 어진 것이 그 가운데 있다.

　*博 ; 넓다. 篤 ; 도탑다.

　【名言】절문이근사(切問而近思) ;『절문(切問)』은 자세히 알뜰히 묻는 것을 말하고, 『근사(近思)』는 몸 가까이 있는 것을 생각하는 것이다. 말하자면 구체적인 질문과 일상생활과 관계되는 사색을 말한다.

　자하(子夏)의 말이다. "널리 배우고 뜻을 독실하게 하며, 알뜰히 묻고 가깝게 생각하면 어진 것이 그 가운데 있다(博學而篤志 切問而近思 仁在其中矣)."

　자하는 퍽 현실적인 교육가였다. 일상생활을 통해서 진리를 탐구해 가는 그런 주의였다. 그래서 같은 공자의 제자인 자유(子由)는 자하를 평해 이렇게 말했다.

"자하의 제자들은, 물을 뿌리고 청소를 하며, 말에 대답하고 몸을 움직이는 하나하나는 잘한다고 볼 수 있다. 그러나 그런 것들은 형식적인 말단의 일에 지나지 않는다. 보다근본적인 사상과 도덕에 관한 것은 볼 만한 것이 없으니 장차 어쩔 것인가?"

이것만 보더라도 자하가 퍽 현실적이고 일상생활 면에서 교육에 중점을 두고 있었음을 알 수 있다. 자하는 또 이런 말을 했다. "날마다 그 없는 바를 알고, 달마다 그 능한 바를 잊지 않으면 학문을 좋아한다고 말할 수 있다."

주자는 자하의 이 말을 따서 《근사록(近思綠)》을 썼고, 청나라의 유명한 고증학자 고염무(顧炎武)도 자하의 말을 따서 《일지록(日知錄)》이란 유명한 고증 논문집을 만들었다.

■ 大德不踰閑 小德出入可也

중대한 덕목은 그 규범의 경계를 넘지 않지만, 사소한 덕목은 그 경계를 좀 넘나들어도 괜치 않다.

*踰 ; 넘다. 閑 ; 한가하다, 규범.

{작은 절조(節操)에 대해서는 다소의 출입이 있어도 그대로 보아 넘기는 것이 좋으나, 큰 절조에 대해서는 그 범

위를 벗어나는 것을 허락해서는 안 된다. 자하의 말.}

■ 仕而優則學 學而優則仕

벼슬하면서 여력이 있으면 배우고, 배워서 여력이 있으면 벼슬한다. 자하(子夏)의 말이다.

*仕 ; 벼슬하다. 優 ; 넉넉하다, 여력.

■ 君子之過也 如日月之食焉

군자의 과실(過失)은 일식이나 월식 같은 것이다.

{군자라 하더라도 인간인 이상 과실은 있게 마련이다. 그러나 그 과실은 일식이나 월식 같은 것이다. 누구에게도 숨기지 않기 때문이다. 사람은 누구나 이것을 보게 된다. 동시에 군자는 곧 그 잘못을 고친다. 그때에는 일식과 월식이 끝났을 때처럼 그 빛남을 우러러보듯 군자의 덕을 우러러보게 되는 것이다. 자공의 말.}

【名言】지과필개(知過必改) ; 누구나 허물은 있는 것이니, 허물을 알면 즉시 고쳐야 함.

자공이 말했다. "군자의 허물은 일식이나 월식과 같다. 허물이 있으면 모든 사람들이 모두 그것을 보고, 허물을 고

치면 사람들이 모두 그것을 우러른다(君子之過也 如日月之
蝕焉 過也 人皆見之 更也 人皆仰之)."

자공의 말은, 일식과 월식이 일어나면 모든 사람들이 알
수 있는 것처럼 사람의 허물도 자연스럽게 드러나기 마련
이어서 고치지 않으면 사람들이 다 알게 되니 반드시 고쳐
야 함을 이른 것이다. 또 《명심보감》에서는 자공의 말을
그대로 옮기고 글 말미에 이렇게 덧붙여 강조했다.

"허물을 알았으면 반드시 고쳐야 하고, 깨달아 할 수 있
게 된 다음에는 잊지 않아야 한다(知過必改 得能莫忘)."

학이(學而)편에도 『과즉물탄개(過則勿憚改)』라는 말
이 나오는데, 잘못이 있으면 고치기를 꺼리지 말라는 뜻이
다.

『개과천선(改過遷善)』이나, 잘못을 고쳐 스스로 새로
워진다는『개과자신(改過自新)』도 같은 뜻이다. 잘못을
고친다는 말 그 자체에 선한 마음으로 돌아가 스스로 새로
워진다는 뜻이 담겨 있는 것이다.

子張篇 第十九

子張曰 : "士見危致命, 見得思義, 祭思敬, 喪思哀, 其可已矣."

子張曰 : "執德不弘, 信道不篤, 焉能爲有, 焉能爲亡?"

子夏之門人, 問交於子張. 子張曰 : "子夏云何?" 對曰 : "子夏曰 : 可者與之, 其不可者拒之." 子張曰 : "異乎吾所聞. 君子尊賢而容衆, 嘉善而矜不能. 我之大賢與, 於人何所不容 ; 我之不賢與, 人將拒我, 如之何其拒人也?"

子夏曰 : "雖小道, 必有可觀者焉. 致遠恐泥, 是以君子不爲也."

子夏曰 : "日知其所亡, 月無忘其所能, 可謂好學也已矣."

子夏曰 : "博學而篤志, 切問而近思, 仁在其中矣."

子夏曰 : "百工居肆以成其事, 君子學以致其道."

子夏曰 : "小人之過也必文."

子夏曰 : "君子有三變 : 望之儼然, 即之也溫, 聽其言也厲."

子夏曰 : "君子信而後勞其民, 未信則以爲厲己也. 信而後諫, 未信則以爲謗己也."

子夏曰 : "大德不踰閑, 小德出入, 可也."

子遊曰 : “子夏之門人小子, 當灑掃應對進退, 則可矣. 抑
末也, 本之則無, 如之何?” 子夏聞之曰 : “噫, 言遊過矣! 君
子之道, 孰先傳焉, 孰後倦焉. 譬諸草木, 區以別矣. 君子之道,
焉可誣也. 有始有卒者, 其惟聖人乎?”

子夏曰 : “仕而優則學, 學而優則仕.”

子遊曰 : “喪致乎哀而止.”

子遊曰 : “吾友張也, 爲難能也, 然而未仁.”

曾子曰 : “堂堂乎張也, 難與並爲仁矣.”

曾子曰 : “吾聞諸夫子 : 人未有自致者也, 必也親喪乎?”

曾子曰 : “吾聞諸夫子 : 孟莊子之孝也, 其他可能也, 其
不改父之臣, 與父之政, 是難能也.”

孟氏使陽膚爲士師, 問與曾子, 曾子曰 : “上失其道, 民散
久矣. 如得其情, 則哀矜而勿喜.”

子貢曰 : “紂之不善, 不如是之甚也. 是以君子惡居下流,
天下之惡皆歸焉.”

子貢曰 : “君子之過也, 如日月之食焉. 過也, 人皆見之 ;
更也, 人皆仰之.”

衛公孫朝問於子貢曰 : “仲尼焉學?” 子貢曰 : “文武之
道, 未墮於地, 在人. 賢者識其大者, 不賢者識其小者, 莫不有
文武之道焉, 夫子焉不學, 而亦何常師之有!”

叔孫武叔語大夫於朝曰："子貢賢於仲尼."子服景伯以告子貢, 子貢曰："譬之宮牆. 賜之牆也及肩, 窺見室家之好. 夫子之牆數仞, 不得其門而入, 不見宗廟之美, 百官之富. 得其門者或寡矣. 夫子之雲, 不亦宜乎?"

叔孫武叔毀仲尼, 子貢曰："無以爲也. 仲尼, 不可毀也. 他人之賢者, 丘陵也, 猶可逾也. 仲尼, 日月也, 無得而逾焉. 人雖欲自絕, 其何傷於日月乎? 多見其不知量也."

陳子禽謂子貢曰："子爲恭也, 仲尼豈賢與子乎?"子貢曰："君子一言以爲知, 一言以爲不知, 言不可不慎也. 夫子之不可及也, 猶天之不可階而升也. 夫子之得邦家者, 所謂立之斯立, 道之斯行, 綏之斯來, 勤之斯和. 其生也榮, 其死也哀. 如之何其可及也?"

제20편 요왈(堯曰)

■ 四海困窮 天祿永終

만약 온 백성이 곤궁해지면 하늘에서 내리는 복록은 영원히 없어져버린다.

【故事】 "진실로 가운데를 잡으시게. 온 세상 백성들이 곤궁해지면 하늘이 내리는 복록도 영원히 끊기게 되리니(允執其中 四海困窮 天祿永終)."

요임금이 순임금에게 자리를 물려주며 당부한 말이다. 《서경(書經)》 대우모편에는 "사람의 마음은 위태롭고, 도의 마음은 희미하니 정신 차리고 오직 하나로 모아 진실로 그 중정(中正)을 잡아야 한다(人心惟危 道心惟微 惟精惟一 允執厥中)."라는 구절도 나온다.

이때의 『中』은 한쪽으로 기울거나 치우치지 않음을 가리키는 말이다.

■ 惠而不費 勞而不怨 欲而不貪 泰而不驕 威而不猛

군자는 은혜를 베풀되 낭비하지 않고, 일을 시키면서도 원망을 사지 않으며, 뜻을 이루려 하되 탐욕은 없고, 느긋하면서도 교만하지 않으며, 위엄이 있으면서도 사납지 않다.

{공자는 "정치는 다섯 가지 미덕을 높이고, 네 가지 악행을 물리치면 잘할 수 있다(尊五美屛四惡)."고 자장의 물음에 답했다. 위는 다섯 가지 미덕을 말한다.}

【名言】 혜이불비(惠而不費) ; 은혜를 베풀되 낭비할 정도로 마구 베풀지는 않는다는 뜻으로, 중용(中庸)의 의미가 담겨 있는 말이다. 어려움을 헤아려 도움을 주되 기준이나 근거도 없이 마구 베푸는 것은 낭비라는 말이다.

자장(子張)이 정치에 종사하는 방법에 대해서 묻자, 공자는, "5가지 미덕을 존중하고, 4가지 악덕을 물리칠 수 있다면 마땅히 정치에 종사할 수 있다(尊五美 屛四惡 斯可以從政矣)."고 대답하였다.

자장이 다시 5가지 미덕이 무엇인지를 묻자, 공자가 답하기를, "백성들에게 은혜롭게 베풀면서도 자신은 낭비하지 않으며, 수고롭게 하더라도 (알맞게 일을 안배한 것이기 때문에) 백성들이 원망하지 않으며, 갖고 싶은 마음은 있어도 탐하지 않으며, 느긋하면서도 교만하지 않으며, 위엄이 있으면서도 사납지 않은 것이다(惠而不費 勞而不怨 欲而不貪 泰而不驕 威而不猛)."라고 하였다.

사악(四惡)이란, "무엇이 잘못인지 가르쳐 주지도 않고 잘못했다고 죽이는 잔인함, 미리 알려주지 않고 일을 하자마자 성공을 요구하는 포악함, 명령은 태만히 해놓고서 기일을 각박하게 지키게 하는 도적 같은 짓, 마땅히 균등하게 나누어주어야 할 때에 인색하게 구는 것"이다.

이어 자장이 『혜이불비』가 무엇인지를 묻자, 공자는 백성에게 이익 되는 것을 좇아 그들을 이롭게 하는 것이 바로 "은혜를 베풀면서도 낭비하지 않는 것"이라고 대답하였다.

■ 不教而殺謂之虐 不戒視成謂之暴 慢令致期
謂之賊 猶之與人也 出納之吝謂之有司

가르쳐주지 않으면서 잘못했다고 벌하는 것은 학대이고, 실패의 원인을 살피지 않고 결과만으로 성공을 보려는 것은 횡포이며, 명령은 태만히 하면서 기일만 재촉하는 것은 도적이고, 마땅히 사람들에게 주어야 할 것에 인색하게 여기는 것을 벼슬아치라 한다.

*慢 ; 게으르다. 吝 ; 아끼다.

■ 不知言^{부지언} 無以知人^{무이지인}

상대의 말을 이해하지 못하면 그 사람됨을 알 수가 없다.

{말하는 법을 알지 못하면 사람의 진면목을 알 수가 없다.}

堯曰篇 第二十

堯曰: "咨, 爾舜, 天之曆數在爾躬, 允執其中. 四海困窮, 天祿永終." 舜亦以命禹, 曰: "予小子履, 敢用玄牡, 敢昭告於皇皇後帝, 有罪不敢赦, 帝臣不蔽, 簡在帝心. 朕躬有罪, 無以萬方, 萬方有罪, 罪在朕躬. 周有大賚, 善人是富. 雖有周親, 不如仁人. 百姓有過, 在予一人. 謹權量, 審法度, 修廢官, 四方之政行焉. 興滅國, 繼絕世, 舉逸民, 天下之民歸心焉. 所重民, 食喪祭. 寬則得眾, 信則民任焉, 敏則有功, 公則說."

子張問於孔子曰: "何如, 斯可以從政矣?" 子曰: "尊五美, 屛四惡, 斯可以從政矣." 子張曰: "何謂五美?" 曰: "君子惠而不費, 勞而不怨, 欲而不貪, 泰而不驕, 威而不猛." 子張曰: "何謂惠而不費?" 子曰: "因民之所利而利之, 斯不亦惠而不費乎? 擇可勞而勞之, 又誰怨? 欲仁得仁, 又焉貪? 君子無眾寡、無小大、無敢慢, 斯不亦泰而不驕乎? 君子正其衣冠, 尊其瞻視, 儼然人望而畏之, 斯不亦威而不猛乎?" 子張曰: "何謂四惡?" 子曰: "不教而殺謂之虐, 不戒視成謂之暴, 慢令致期謂之賊, 猶之與人也, 出納之吝, 謂之有司."

子曰: "不知命, 無以爲君子; 不知禮, 無以立也; 不知言, 無以知人也."

| 명언 색인 |

라." / 17

기왕불구(旣往不咎) ; 이미 지나간 일은 어찌할 도리가 없고, 오직 장래의 일만 잘 삼가야 한다는 말. / 51

눌언민행(訥言敏行) ; "더듬는 말과 민첩한 행동"이라는 뜻으로, 말하기는 쉬워도 행하기는 어려우므로, 군자는 말은 둔하여도 행동은 민첩해야 함을 이름. / 71

단사표음(簞食瓢飮) ; 대나무로 만든 밥그릇에 담은 밥과 표주박에 든 물이라는 뜻으로, 청빈하고 소박한 생활을 이르는 말. 일단사일표음. / 95

덕불고필유린(德不孤必有隣) ; 덕이 있으면 따르는 사람이 있으므로 외롭지 않다. / 72

도청도설(道聽塗說) ; 길거리에서 들은 이야기를 곧 그 길에서 다른 사람에게 말한다는 뜻으로, 거리에서 들은 것을 남에게 아는 체하며 말함. 깊이 생각 않고 예사로 듣고 말함. 길거리에 떠돌아다니는 뜬소문. / 287

명고이공(鳴鼓而攻) ; 북을 울려 공격하다. 허물을 범한 사람을 여럿이서 공박함. 죄상(罪狀)을 하나하나 들어서 공박함. / 177

목탁(木鐸) ; 세상 사람을 가르쳐 바로 이끌 만한 사람이나 기관을 이르는 말. / 53

무가무불가(無可無不可) ; 옳을 것도 없고 그를 것도 없다는

뜻으로, 사람의 언행이 다 중용(中庸)을 취하여 과불급(過
不及)이 없음을 이르는 말. / 309

무신불립(無信不立) ; 믿음이 없으면 설 수 없다는 뜻으로, 정
치나 개인의 관계에서 믿음과 의리의 중요성을 강조하는
말. / 191

문일지십(聞一知十) ; 하나를 들으면 열을 미루어 앎. 한 대목
을 듣고 나머지 열 대목을 깨달아 앎, 극히 총명함. / 7

문질빈빈(文質彬彬) ; 외견이 좋고 내용이 충실하여 잘 조화를
이룬 상태를 이름. / 101

미성일궤(未成一簣) ; 산을 만들 때에 마지막 한 삼태기를 덜
얹어 산이 이루어지지 못한다는 뜻으로, 마지막 노력을 소
홀히 하면 일이 실패함을 이르는 말. 공휴일궤(功虧一簣).
/ 163

박문약례(博文約禮) ; 널리 학문을 닦아 사리를 연구하고, 이
것을 실행하는 데 예의로써 하여 정도에 벗어나지 않게 함.
/ 109

반구저기(反求諸己) ; "잘못을 자신(自身)에게서 찾는다"라
는 뜻으로, 어떤 일이 잘못 되었을 때 남의 탓을 하지 않고
그 일이 잘못된 원인을 자기 자신에게서 찾아 고쳐 나간다
는 뜻. / 251

발분망식(發憤忘食) ; 일을 이루려고 끼니조차 잊고 분발 노력
함. / 126

부귀여부운(富貴如浮雲) ; 부(富)니 귀(貴)니 하는 것은 떠가는
구름이나 다를 것이 없다는 말로, 불의한 부나 귀는 공자에
게 있어서 아무런 애착이 없는 것이었다. / 124

불념구악(不念舊惡) ; 남의 잘못이나 개인적인 원한을 마음에
새겨두지 않음. / 86

불위여우(不違如愚) ; 공자가 그가 총애한 제자 안회를 두고 한
말로, 사람이 어긋남이 없어 어리석은 듯하다는 뜻. / 33

불치하문(不恥下問) ; 지위·학식·나이 따위가 자기보다 아
랫사람에게 묻는 것을 부끄럽게 여기지 아니함. / 81

불혹지년(不惑之年) ; 나는 15세에 학문에 뜻을 두고(志學), 30
에 확고히 서고(而立), 40에 의심하지 않고(不惑), 50에 천
명을 알고(知天命), 60에 귀가 순하고(耳順), 70에 마음에
하고 싶은 바를 좇아 행해도(從心所欲) 법에 벗어나지 않
았다. / 29

불환과이환불균(不患寡而患不均) ; 적은 것을 걱정하지 않고
고르지 못한 것을 걱정한다. / 267

사문난적(斯文亂賊) ; 유교(儒敎)를 어지럽히는 도적이라는 뜻
으로, 교리(敎理)에 어긋나는 언동으로 유교를 어지럽히는

사람을 이르는 말. / 174

사불급설(駟不及舌) ; 네 마리 말이 끄는 빠른 수레도 사람의 혀에는 미치지 못한다는 뜻으로, 소문은 빨리 퍼지므로 말 조심하라는 말. / 195

사체불근오곡불분(四體不勤五穀不分) ; "사지를 부지런히 움 직이지 않고, 오곡을 구분할 줄도 모른다" 라는 뜻으로, 옛 날에 글만 읽는 선비들을 조롱하는 뜻으로 사용된 말이다. / 306

사해형제(四海兄弟) ; 『사해(四海)』란 곧 온 천하를 가리키는 말로, 천하의 뭇사람들은 모두 동포요, 형제라는 뜻. / 192

살신성인(殺身成仁) ; 자신의 몸을 죽여 인(仁)을 이룬다는 뜻 으로, 자기 몸을 희생하여 옳은 도리를 행함. / 245

삼사이행(三思而行) ; 세 번 생각한 뒤에 행한다. 즉 심사숙고 한 다음에 실천에 옮김. / 84

삼성오신(三省吾身) ; 날마다 세 번 내 몸을 살핀다. / 11

삼인행필유아사(三人行必有我師) ; 세 사람이 길을 가면 그 가 운데 반드시 나의 스승이 있다는 뜻으로, 세 사람이 어떤 일을 하면 좋은 것은 본받고, 나쁜 것은 경계하게 되므로 선악 간에 반드시 스승이 될 만한 이가 있다는 말. / 128

생이지지(生而知之) ; 학문을 닦지 않아도 태어나면서부터 안

다는 뜻으로, 생지(生知)하는 성인을 이르는 말. / 127

세한송백(歲寒松柏) ; 추운 시절의 소나무와 잣나무. 즉 어지러운 시대에도 변치 않는 선비의 굳은 지조와 절개. / 167

술이부작(述而不作) ; 성인의 말을 풀이하고(전하고) 자기의 설(說)을 지어내지 않음. 선인의 업적을 이어 이를 설명하고 서술할 뿐 새로운 부분을 만들어 첨가하지 않는 태도. / 115

신종추원(愼終追遠) ; 부모의 장례를 엄숙히 하고 조상의 제사를 정성스레 올린다. / 18

실언실인(失言失人) ; 헛된 말로 말을 잃어버리고, 터놓고 말을 하지 않아 사람을 잃는다는 뜻. / 244

온고지신(溫故知新) ; 옛 것을 익히고 새 것을 안다. / 34

욕속부달(欲速不達) ; 빨리 하고자 하면 도달하지 못함. 어떤 일을 급하게 하면 도리어 이루지 못함. / 212

위방불입(危邦不入) ; 위급한 곳에는 가지 않는다. 위태로운 나라에는 들어가지 않는다는 말. / 151

유공유문(唯恐有聞) ; 혹시나 또 무슨 말을 듣게 될까 겁을 낸다는 뜻으로, 한 가지 착한 일을 들으면 다음에 듣게 될 착한 것과 겹치기 전에 어서 다 배워 익히려는 열심인 태도를 말함. / 80

유교무류(有敎無類) ; 가르침에는 차별이 없다는 뜻으로, 배우고자 하는 사람에게는 누구에게나 배움의 문이 개방되어 있음. / 260

유약무실약허(有若無實若虛) ; 꽉 차 있어도 텅 빈 것처럼 보인다는 말. 공자의 제자 안회를 표현한 것으로 겸손한 성품을 일컫는 말. / 147

유용이무의위란(有勇而無義爲亂) ; 용기만 있고 의가 없으면 세상을 어지럽히게 된다. / 293

은거방언(隱居放言) ; 속세를 피하여 혼자 지내면서 품고 있는 생각을 거리낌 없이 말함. / 307

이덕보원(以德報怨) ; 원수에게 덕으로써 보답함. 원수에게 은덕을 베푸는 일. / 228

인무원려필유근우(人無遠慮必有近憂) ; 사람이 멀리까지 바라보고 깊이 생각하지 않으면 반드시 가까운 근심이 생긴다는 말. / 247

인지장사기언야선(人之將死其言也善) ; 새는 죽을 때가 되면 소리가 슬프고(鳥之將死其鳴也悲) 사람은 죽을 때가 되면 그 말이 착하다. / 142

일이관지(一以貫之) ; "하나로써 그것을 꿰뚫었다"는 뜻으로, 처음부터 끝까지 변하지 않음. 또는 막힘없이 끝까지

밀고 나감. 즉 진리에 따라 그대로 행하는 것. / 66

자솔이정숙감부정(子帥以正孰敢不正) ; 자신이 거느리기를 바른 것으로 하면 누가 감히 바르지 않겠느냐는 뜻. / 201

자위부은(子爲父隱) ; 자식은 아비를 위해 아비의 나쁜 것을 숨긴다는 뜻으로, 부자지간의 천륜을 이르는 말. / 214

절문이근사(切問而近思) ; "널리 배우고 뜻을 독실하게 하며, 알뜰히 묻고 가깝게 생각하면 어진 것이 그 가운데 있다 (博學而篤志 切問而近思 仁在其中矣)." / 315

절용애인(節用愛人) ; 나라의 재물을 아껴 쓰고 백성을 사랑하라. / 13

절차탁마(切磋琢磨) ; 톱으로 자르고(切), 줄로 슬고(磋), 끌로 쪼며(琢), 숫돌에 간다(磨). 곧 학문을 닦고 덕행을 수양하는 것을 비유하는 말. / 22

조문도석사가의(朝聞道夕死可矣) ; 아침에 도를 들으면 저녁에 죽어도 좋다는 뜻으로, 참된 이치를 깨달았으면 죽어도 여한이 없다는 말. / 63

조수불가여동군(鳥獸不可與同群) ; "새와 짐승과 무리지어 함께 살 수는 없다"라는 뜻으로, 사람이 사람을 떠나서는 살 수 없음을 비유하는 말. / 303

조이불강(釣而不綱) ; 낚시질은 해도 그물질은 하지 않는다는

뜻으로, 무슨 일에나 정도를 넘지 않는 훌륭한 인물의 태도
를 이르는 말. / 131

중도이페(中道而廢) ; 일을 하다가 끝을 맺지 않고 중간에서
그만 둠. / 96

중오필찰중호필찰(衆惡必察衆好必察) ; "여러 사람이 미워하
더라도 반드시 살펴야 하고, 여러 사람이 좋아하더라도 반
드시 살펴야 한다"라는 뜻으로, 사람들의 호오(好惡)에
따라 부화뇌동(附和雷同)하지 말고 자신이 직접 살펴서 판
단하여야 한다는 말. / 255

지과필개(知過必改) ; 누구나 허물이 있는 것이니, 허물을 알
면 즉시 고쳐야 함. / 317

지아자기천호(知我者其天乎) ; 나를 알아주는 것은 하늘뿐이
다. 하늘을 원망하지 않고(不怨天), 사람을 탓하지 않으며
(不尤人), 아래로부터 배워 위로 통하니(下學上達), 나를 아
는 사람은 다만 하늘뿐이다(知我者其天乎)." / 231

지자요수인자요산(知者樂水仁者樂山) ; 지혜로운 사람은 물을
좋아하고, 어진 사람은 산을 좋아한다. / 106

진선진미(盡善盡美) ; 착함과 아름다움을 다함. 완전무결함.
/ 55

천하언재(天何言哉) ; 하늘이 말을 하더냐! 하늘은 아무 말도

하지 않지만, 도는 행한다는 것. / 291

침윤지참(浸潤之譖) ; 차차 젖어서 번지는 것과 같이 조금씩
오래 두고 하는 참소의 말. / 193

편언절옥(片言折獄) ; 한 마디 말로 송사(訟事)의 시비(是非)를
가리는 일. / 198

포호빙하(暴虎馮河) ; 범을 맨손으로 때려잡고, 큰 강을 배 없
이 걸어서 건넌다는 뜻으로, 용기는 있으나 무모하기 이를
데 없는 행위를 이르는 말. / 119

필부불가탈지(匹夫不可奪志) ; 필부라도 침범할 수 없는 마음
이 있으므로 남의 인격을 존중하라는 말. / 166

필야사무송(必也使無訟) ; 송사는 반드시 없어져야 한다는 뜻
으로, 송사가 생기지 않도록 도덕사회를 만들어야 함을 이
르는 말. / 199

하학이상달(下學而上達) ; 아래를 배워 위에 달한다는 뜻으로,
낮고 쉬운 것을 배워 깊고 어려운 것을 깨달음. / 230

할계언용우도(割鷄焉用牛刀) ; 닭을 잡는 데 소 잡는 큰 칼을
쓸 필요까지는 없다는 뜻으로, 조그만 일을 처리하는 데 지
나치게 큰 수단을 쓸 필요는 없음을 비유하는 말. / 281

행불유경(行不由徑) ; 길을 가는 데 지름길을 취하지 아니하고
큰길로 간다는 뜻으로, 행동을 공명정대하게 함을 비유함.

| 명문동양문고 |

논어 名言 100

| 초판 인쇄일 / 2019년 5월 22일
| 초판 발행일 / 2019년 5월 27일
| ☆
| 엮은이 / 金東求
| 펴낸이 / 김동구
| 펴낸데 / 圖書出版 明文堂 (창립 1923년 10월 1일)
| 서울특별시 종로구 윤보선길 61(안국동)
| 우체국 010579-01-000682
| ☎ (영업) 733-3039, 734-4798
| (편집) 733-4748
| FAX.   734-9209
| e-mail : mmdbook1@hanmail.net
| 등록 1977. 11. 19. 제 1-148호
| ☆
| ISBN   979-11-88020-95-9   03140
| ☆
| 값 10,000원 (낙장이나 파본은 구입하신 서점에서 교환해 드립니다.)